CÓMO DEJAR DE PENSAR DEMASIADO LAS COSAS

Ponte en Acción Inmediatamente y Deja de
Sobrepensar Todo lo que se Cruza en tu Camino

TRISTRAM CHANDLER

© Copyright 2022 – Tristram Chandler - Todos los derechos reservados.

Este documento está orientado a proporcionar información exacta y confiable con respecto al tema tratado. La publicación se vende con la idea de que el editor no tiene la obligación de prestar servicios oficialmente autorizados o de otro modo calificados. Si es necesario un consejo legal o profesional, se debe consultar con un individuo practicado en la profesión.

- Tomado de una Declaración de Principios que fue aceptada y aprobada por unanimidad por un Comité del Colegio de Abogados de Estados Unidos y un Comité de Editores y Asociaciones.

De ninguna manera es legal reproducir, duplicar o transmitir cualquier parte de este documento en forma electrónica o impresa.

La grabación de esta publicación está estrictamente prohibida y no se permite el almacenamiento de este documento a menos que cuente con el permiso por escrito del editor. Todos los derechos reservados.

La información provista en este documento es considerada veraz y coherente, en el sentido de que cualquier responsabilidad, en términos de falta de atención o de otro tipo, por el uso o abuso de cualquier política, proceso o dirección contenida en el mismo, es responsabilidad absoluta y exclusiva del lector receptor. Bajo ninguna circunstancia se responsabilizará legalmente al editor por cualquier reparación, daño o pérdida monetaria como consecuencia de la información contenida en este documento, ya sea directa o indirectamente.

Los autores respectivos poseen todos los derechos de autor que no pertenecen al editor.

La información contenida en este documento se ofrece únicamente con fines informativos, y es universal como tal. La presentación de la información se realiza sin contrato y sin ningún tipo de garantía endosada.

El uso de marcas comerciales en este documento carece de consentimiento, y la publicación de la marca comercial no tiene ni el permiso ni el respaldo del propietario de la misma.

Todas las marcas comerciales dentro de este libro se usan solo para fines de aclaración y pertenecen a sus propietarios, quienes no están relacionados con este documento.

Índice

Introducción	vii
1. Consejos Cruciales Para Resolver El Exceso De Pensamiento	1
2. Lo Más Importante Que Debes Entender Si Quieres Ser Feliz En Este Mundo: Dominar Tu Mente	13
3. ¿Cómo Mejorar Tu Rendimiento En El Trabajo? Y ¿Cómo Aumentar Tu Productividad?	23
4. ¿Cómo Mejorar Tu Estado De Ánimo, Sin Importar Cuáles Sean Las Circunstancias?	41
5. Pasos Simples Para Eliminar Influencias Negativas De Tu Vida	47
6. ¿Cómo Desarrollar La Confianza En Uno Mismo? Y ¿Cómo Desarrollar Los Hábitos De Las Personas Exitosas?	55
7. ¿Por Qué Y Cómo Detener La Procrastinación En Tu Vida?	69
8. Maneras De Evitar La Fatiga De La Decisión Y Desafiando Tus Pensamientos	79
9. Desorden Mental	95
10. Adoptar La Atención Plena Como Alternativa Eficiente Al Pensamiento Excesivo	107
11. Los Efectos De Pensar Demasiado	121
12. ¿Cómo Dejar De Pensar Demasiado Con Un Diálogo Interno Positivo?	129
13. ¿Cómo Resolver Los Problemas De Preocupación?	139
Conclusión	151

Introducción

La mayor causa de infelicidad es pensar demasiado.

Existe una gran brecha entre deliberar y resolver problemas.

Algunos suelen sugerir que las mujeres son más propensas a pensar demasiado que los hombres, pero la verdad es que nadie logra evitar hacer eso; es algo que todo el mundo hace.

Un terapeuta se reúne a diario con miles de personas en su consultorio, muchas de las cuales buscan ayuda para lidiar con el exceso de pensamiento. Muchos a menudo se quejan de su incapacidad para relajarse. Sienten que su cerebro está constantemente ocupado con preocupaciones y pensamientos negativos y, como resultado, sienten tanta ansiedad que no pueden descansar. Algunos se quejan del hecho de que se enfocan excesivamente en cuánto mejor sería su vida sin los errores que han cometido.

Introducción

Existe una fuerte conexión entre el pensamiento excesivo y los problemas de salud mental, como la ansiedad y la depresión. Es posible que aquellos que sufren de exceso de pensamiento ni siquiera noten el deterioro de su salud mental porque están muy preocupados; no están viviendo en la atención plena.

Tales individuos pueden sentir que su pensamiento excesivo es saludable y útil, y sin ella, podría ocurrir alguna calamidad horrible.

Pero la verdad es justo lo contrario. Pensar demasiado aumenta las posibilidades de sentirse perdido, ansioso y miserable.

También puede conducir al resentimiento y la ira que nubla su juicio y le dificulta tomar las decisiones correctas. Este estado se denomina a menudo parálisis por análisis.

Pensar demasiado te sigue recordando cosas que no puedes controlar, como tu fracaso. Básicamente, hay dos formas de pensar demasiado, a saber: un pensamiento excesivo sobre el pasado y una preocupación excesiva por los eventos futuros.

Estas preocupaciones le impiden progresar en su vida. Existe una clara diferencia entre el pensamiento excesivo, la autorreflexión y la resolución de problemas.

¿En qué se diferencia pensar demasiado de resolver problemas?

Introducción

Hay una clara diferencia entre la resolución de problemas y el pensamiento excesivo. Al resolver problemas, su objetivo es resolver un problema subyacente. Los pensadores excesivos se concentran más en los problemas mismos que pueden ser posibles soluciones a sus problemas.

¿Qué hay de la autorreflexión? ¿Es lo mismo que pensar demasiado?

¡No! La autorreflexión tiene un propósito definido; te ayuda a descubrir cosas nuevas sobre ti mismo, tu condición y tu situación.

¿Cuál es el resultado final? Mientras piensas demasiado, no eres productivo. Sin embargo, la autorreflexión y la resolución de problemas lo ayudan a crear soluciones y reconocer los comportamientos que pueden estar frenándote.

Todos tenemos una tendencia a pensar demasiado. Ser consciente de este hecho hace que sea más fácil cambiar. Y el primer paso consiste en identificar el daño causado por pensar demasiado.

La idea de que pensar demasiado evita que sucedan cosas malas es una percepción subconsciente alimentada por muchos; sienten que el hecho de no reflexionar sobre los eventos pasados precipitará algún tipo de calamidad imprevista. Las investigaciones indican que pensar demasiado no es saludable y tendrá un impacto negativo en nuestras vidas.

Si notas la tendencia a enredarte en pensar demasiado, no te desesperes. Puedes utilizar las siguientes estrategias para recuperar tu energía, tiempo y capacidad intelectual.

Introducción

Desde la programación adecuada del tiempo hasta la sustitución de pensamientos, aquí hay varios ejercicios que aumentarán tu fortaleza mental y te ayudarán a dejar de pensar demasiado en todo.

Si piensas demasiado, limitas tus posibilidades de tener éxito en la vida. Te impedirá alcanzar tus metas y te hará la vida imposible.

¿Por qué tener un punto de vista edificante en la vida? Como hay mucho de eso en ti. Ten en cuenta que el razonamiento positivo es creer que es naturalmente ventajoso. Esto es lo que lo hace 'positivo' en cualquier caso.

Acabas de observar la perspectiva de la vista de 10,000 pies sobre las tres ventajas esenciales: el razonamiento positivo hace que logres algo que necesitas, te alienta a sentirte mejor (o al menos mejor), es útil y mejora rápidamente tu vida de alguna manera u otra.

Sea como fuere, puedes profundizar más para identificar ventajas progresivamente específicas que también valen la pena aumentar en valor. En vista de esto, aquí hay algunas ventajas de razonar con más énfasis:

Más logros: tener más vitalidad, progresivamente confianza y cada vez más seguridad en uno mismo incita a más logros.

Mejor descanso y bienestar: sentimientos cada vez más tranquilos y positivos implican menos sentimientos negativos y desagradables que pueden afectar negativamente a tu cuerpo; el resultado es que aprecias las ventajas médicas del razonamiento positivo, incluida una mejor naturaleza del descanso.

Una vida progresivamente beneficiosa: cuanto más aumentes el valor de tu vida con un razonamiento positivo, más ventajosa será la vida para ti.

Certeza más notable: cuanto más confianza hay en que puedes lograr cosas (un tipo típico de razonamiento positivo), más seguridad tienes en ti mismo.

Más satisfacción y felicidad: cuanto más valor positivo encuentras en la vida, más alegre te vuelves y más aprecias la vida.

Sentirte más conectado a tierra: a medida que aumentas tu certeza y confianza debido al razonamiento positivo, también te sientes más conectado a tierra y más dominante.

Más vitalidad: el razonamiento positivo con frecuencia te persuade y te estimula para lograr cosas.

Sensaciones de serenidad más genuinas: mejor te sientes en general con un razonamiento positivo, tienes más serenidad significativa.

Mayor confianza: cuanto más valioso te encuentres en ti mismo con un razonamiento positivo, mayor será tu sentimiento de autoestima.

Cooperación cada vez más agradable con los demás: cuanto más aprecies la vida y te valga la pena, más apreciarás en general las conexiones sociales.

Claridad mental más notable: dado que tienes una decisión, es un buen augurio pensar de manera positiva, adecuada y legítima que te beneficie en lugar de hacerlo de manera negativa que te perjudique; esto es una ventaja de razonamiento positivo.

¿Pensar en positivo tiene algún tipo de efecto?

Completamente.

Simplemente descubriste cómo puedes beneficiarte de la intuición positiva desde varios puntos de vista, por lo que el razonamiento seguro realmente funciona para mejorar tu vida.

La indagación más significativa, en el momento actual, es esta: ¿te gustaría pensar en contemplaciones positivas y convertirte en un erudito cada vez más positivo?

Esto se debe a que lo más importante para convertirte en una mente maestra cada vez más positiva es simplemente tener que pensar con más énfasis y ser definitivo acerca de hacer un movimiento para pensar en consideraciones cada vez más positivas, prestando poca atención a si hay alguna otra persona que necesite que pienses más decididamente o no.

Introducción

Con esta lucidez del cerebro, ya está bien encaminado para desarrollar perspectivas cada vez más positivas sobre las cosas.

En este sentido, si acabas de darte cuenta de lo que es el razonamiento positivo, tu siguiente paso es aprender a pensar con más énfasis y a mantenerte positivo independientemente de las condiciones.

1

Consejos Cruciales Para Resolver El Exceso De Pensamiento

¿CÓMO FORMAR BUENOS HÁBITOS?

¿Te has preguntado en algún momento por qué algunas personas parecen completar tareas difíciles en una medida tan grande? Cuando el estado, "Voy a..." empezar a hacer ejercicio, comer sano, arreglarse, leer más, etc., te das cuenta de que lo van a poner en marcha. Sea como fuere, si intentas seguir objetivos similares, es una historia alternativa.

Lo más probable es que te adhieras a ellos durante algún tiempo, pero en ese momento, por cierto, generalmente pierdes la inspiración y renuncias.

Cuando eso sucede en suficientes ocasiones, es todo menos difícil sentirte decepcionado y debilitado. Sea como fuere, haciendo y continuando grandes hábitos no tiene por qué ser tan problemático y difícil.

En realidad, muy bien puede ser muy simple. Además, hay una gran cantidad de diversión. Estos son los medios por los cuales puedes desarrollar buenos hábitos y garantizar que permanezcan como tales.

1. Observa tus pequeñas ganancias

En caso de que seas similar a la gran mayoría, eres mucho mejor en castigarte por una ejecución horrible que en compensarte por una ejecución decente. Con respecto a la supervisión de nosotros mismos, por razones desconocidas, parecemos preferir lo fácil. Además, eso es una vergüenza ya que la investigación ha demostrado que elogiar tu avance es significativo para tu inspiración.

Cada vez que te remuneras por ganar terreno, por poco que sea, activas el hardware de recompensa en tu cerebro. Eso descarga algunas sustancias sintéticas clave que te hacen experimentar sentimientos de logro y orgullo. Estos sentimientos, por lo tanto, te permiten dar un paso y lograr mayores triunfos más adelante. En este sentido, compénsate por cada acontecimiento positivo, por pequeño que sea.

2. Rodéate de seguidores

. . .

La población general que nos rodea tiene un efecto sorprendentemente enorme en nuestra conducta.

Una investigación demostró que si tienes un compañero que termina gordo, su riesgo de aumento de peso es de más del cincuenta por ciento, independientemente de si tu compañero vive a muchas millas de distancia.

Otras investigaciones han demostrado que, en general, nos sentiremos de manera similar y recibiremos objetivos similares, como la población general en la que invertimos la mayor parte de nuestra energía. De esta manera, un enfoque para expandir drásticamente sus probabilidades de progreso es asegurarte de tener a las personas correctas de tu lado. Sin embargo, si deseas crear hábitos de sonido, la totalidad de tus compañeros no son deseables, es una oportunidad perfecta para crear nuevos compañeros.

Además, en caso de que necesites hacer que sucedan cosas enormes en tu vida, pero está rodeado de verrugas preocupantes que lo arrastran hacia abajo, es una gran oportunidad para crear un grupo de atención que te mueva y te levante cuando esté corto. Tu eres normal de las cinco personas con las que inviertes más energía, así que sé especial con ellas.

3. Engánchate a tu hábito

. . .

¿Has visto en algún momento que es tan difícil renunciar a una empresa cuando se ha hecho un gran esfuerzo? Podemos utilizar esta inclinación para promover nuestro beneficio potencial al utilizar la metodología "No romper la cadena".

Este es un procedimiento extremadamente nítido que se puede usar para hacer un recordatorio visual de cuánto esfuerzo has puesto en tu propensión. Es probable que descubras que cuanto más se desarrolle la cadena, más lucharás para sostenerla. De esta manera, obtén un cronograma, ponle un marcador y obtén la oportunidad de reducir tu propensión. Tu próximo empleo solitario es no romper la cadena.

4. Estructura tu entorno

Desde varias perspectivas, tu condición impulsa tu conducta.

¿Alguna vez has entrado en tu cocina, has encontrado un plato de golosinas en el mostrador y te las has comido antes que tú?

La idea es que cada una de tus propensiones requiere una medida específica de vitalidad para completarse. Además, cuanta más vitalidad necesite la promulgación, más inseguro estarás de terminarla y llevarla a cabo.

Supón que necesitas leer más libros; sin embargo, la mayoría de las veces terminas sentado frente al televisor. Lo que tienes que hacer es:

- Aumenta la vitalidad de la representación de su propensión no deseada (sentarte frente al televisor). Por ejemplo, llevar el control remoto de la televisión a la habitación de al lado.
- Disminuye la vitalidad de la promulgación de tu propensión ideal (lectura de libros). Por ejemplo, poner un libro increíble al lado de tu sofá de dos plazas.

5. Cambia tu mentalidad

En cualquier momento que estés haciendo otra propensión, obtén una mentalidad de investigador y sujeto. Considera todo lo que hace un examen social donde cada percance da información importante para tu siguiente etapa. Aleja tu atención del objetivo a largo plazo y céntrate en aparecer y hacer tu propensión todos los días.

6. Pre-comprométete con tu hábito

Imagina que son las 5:00 a. m. y tu advertencia se dispara. En cuestión de segundos, tu arreglo de ir al centro de ejercicios antes del trabajo está en peligro a medida que tu cerebro comienza a pensar.

"Bueno, estoy bastante agotado. Me pregunto si es beneficioso hacer ejercicio cuando estoy tan agotado. Podría ir al centro de recreación después del trabajo. O, de nuevo, podría ir al centro de recreación mañana a primera hora. Definitivamente, le pegaré el resto al catch".

De repente, volver a descansar no será una opción tan atractiva. Al enviar previamente de esta manera, puedes agregar una capa adicional de responsabilidad que te hace avanzar a pesar de que es difícil.

¿Cómo evitar caer en la trampa de pensar demasiado?

Aquí hay prácticas para ayudarte a dejar de pensar.

Toma conciencia de tu inclinación a pensar demasiado

Antes de que uno pueda abordar o hacer frente a su hábito de pensar demasiado, debe ser consciente de cuándo lo está haciendo. Se darán cuenta de ello cuando detecten las señales.

. . .

Incluso los labios de una persona te indican cuando estás sumergido en pensamientos porque los labios tenderán a sentirse secos. Cada vez que una persona se encuentra dudando o sintiéndose estresada o ansiosa, puedes dar un paso atrás y observar la situación y cómo estás respondiendo a ella.

Piensa en lo que puede salir bien en lugar de lo que puede salir mal

¿Qué? ¿Es bueno prepararse para cualquier cosa imaginando los peores escenarios? Eso puede funcionar en las películas, pero no es una filosofía para una vida significativa.

En la mayoría de los casos, las emociones de miedo provocan un pensamiento excesivo. Cuando una persona se enfoca en todas las cosas que podrían salir mal, puedes quedar paralizada en tu pensamiento. Tan pronto como una persona siente que está cayendo en una espiral de pensamiento excesivo, debe detenerse. En cambio, pueden visualizar todas las cosas que pueden salir bien y mantener ese patrón de pensamiento.

Sumérgete en el placer y la felicidad

A veces es útil para una persona tener una forma de distraerse con alternativas felices, positivas y saludables. Vale la pena dedicarle tiempo a cualquier experiencia que puedas traer pensamientos felices. Actividades como la meditación, el baile, el ejercicio, cómo tocar un instrumento musical, dibujar, pintar y tejer pueden distraer a una persona de pensar demasiado.

Del mismo modo, una persona puede optar por dar paseos por la naturaleza, nadar, crear una nueva receta, hornear, salir a comer con amigos o ver una película. Una persona puede encontrar la felicidad en los placeres más simples. ¡Solo sé feliz y podrás vivir hasta los cien años!

Deja de estar siempre en expectativa, o esperar la perfección

Para los que piensan demasiado y esperan ver la perfección en el mundo que los rodea, deben dejar de hacerlo. Cada persona tiene su idea de cómo es la perfección. Por lo tanto, la perfección nunca será un anteproyecto para nadie ni para nada. Ser ambicioso es una gran cosa, pero aspirar a la perfección es poco práctico, incapacitante y poco realista. Eso es porque simplemente no existe en el mundo real.

En el momento en que una persona comienza a pensar que ciertas cosas deben ser perfectas, ese es el momento en que debes recordarte a ti mismo que esperar la perfección no es tan constructivo como progresar.

Cambia tu forma de ver el miedo

. . .

A menudo, una persona tiene miedo porque ha fallado en el pasado, o tiene miedo de intentarlo o está analizando demasiado algún otro fracaso. En todo caso, el fracaso no es una señal de alto. En cambio, es simplemente una forma de decirle a alguien que mire hacia el otro lado.

En tales casos, una persona necesita recordarse a sí misma que solo porque las cosas no funcionaron la primera vez, no significa que las cosas no funcionarán una segunda vez.

Una persona debe recordar que cada oportunidad es una oportunidad diferente de tener un nuevo comienzo.

Pon las cosas en perspectiva

Siempre es fácil para uno hacer que las cosas sean más significativas y dañinas de lo necesario.

El hecho de que tu compañero de trabajo no te haya saludado cuando lo saludaste por la mañana no significa que esté enojado contigo o que te estén ignorando. ¡Quizás si miraras a tu colega con más atención, notarías que llevaba puestos los auriculares!

La próxima vez que una persona se sorprenda haciendo una tormenta en un vaso de agua, ellos deben preguntarse si el tema importará en cinco años o en una semana.

Darte cuenta de que no se puede predecir el futuro

Nadie puede. Por lo tanto, todo el tiempo que tiene una persona es el tiempo presente. A veces las personas se empeñan en vivir su tiempo presente en vista de su futuro. La verdad es que nadie puede predecir cómo sucederán las cosas en la próxima hora, y mucho menos en el futuro. La gente puede tener ideas, pero nadie puede saberlo con seguridad.

Cuando una persona pasa su tiempo presente preocupándose por el futuro, se está robando el tiempo presente. Pasar el tiempo pensando en el futuro de uno no es productivo.

En cambio, deberían pasar ese tiempo en cosas que les traen alegría.

Aprecia lo mejor de ti

El miedo que encierra el pensamiento excesivo a menudo se basa en la sensación de que uno no es lo suficientemente bueno, inteligente, diligente o dedicado. En la vida, nunca llega un momento en que las personas sientan que han alcanzado todo su potencial.

Por lo tanto, las personas aprenden a esforzarse al máximo en las tareas que tienen que hacer en cada nivel. En otras palabras, ser la mejor persona que uno puede ser es una cuestión de elección y esfuerzo. Una vez que una persona da su mejor esfuerzo, debe aceptarlo y saber que, si bien el éxito puede depender en parte de algunas cosas que no pueden controlar, aun así, hicieron lo mejor que pudieron.

Estar agradecidos

Una persona no puede tener un agradecimiento y pensamiento agradecido simultáneamente. Por lo tanto, ¿Por qué no deberían elegir pasar el tiempo positivamente?

En consecuencia, cada noche, uno debe crear el hábito de enumerar todas las cosas por las que está agradecido.

Luego, la persona debe encontrar un amigo con quien pueda compartir la lista. De esa manera, ambas personas pueden aprender a compartir y agradecer las cosas y experiencias positivas que les rodean.

Uno necesita formar el hábito de apreciar el bien, por pequeño que sea. ¡Las pequeñas cosas buenas eventualmente se convierten en grandes cosas!

2

Lo Más Importante Que Debes Entender Si Quieres Ser Feliz En Este Mundo: Dominar Tu Mente

Tú puedes luchar con tus pensamientos. A menudo, dejamos que nuestros pensamientos nos controlen, elijan nuestras acciones y nos derriben. Sin embargo, debes ser capaz de controlar tus pensamientos si quieres ser feliz. Dominar tu mente te ayudará a convertirte en el líder de tus emociones en lugar de sentir la necesidad de reaccionar y seguirlas. Podrás concentrarte más claramente en lo que te importa en lugar de dejarte llevar por tus pensamientos actuales. Cuando te conviertas en un maestro de tu mente, serás capaz de enfrentar cualquier situación que se te presente y serás mucho más fuerte en general.

Para dominar tu mente, debes aprender a controlar tus pensamientos. Debes ser capaz de tomar el control de tu pensamiento en lugar de dejar que te controle a ti. También debes aprender a montar tus olas emocionales. En lugar de dejar que tus emociones controlen tus acciones, debes permitir que tus emociones sucedan naturalmente.

. . .

Manipular tu forma de pensar también puede ayudarte, ya que te permite controlar la forma en que piensas. Es fundamental que no permitas que influencias externas destruyan tus pensamientos. Eres el único maestro de tu mente. No dejes que otros te derriben.

Controlando tu pensamiento

Estás pensando constantemente. Tu cerebro siempre está cambiando a un nuevo tema; siempre hay algo nuevo en lo que pensar. A menudo, nuestras mentes vagan a lugares que desearíamos que no fueran. Sería mucho más fácil si pudieras controlar cómo piensas, ¿verdad? Bueno, es posible. En lugar de insistir en nuestras preocupaciones, pensar demasiado en cada situación y perder el tiempo en pensamientos que desearíamos no tener, podemos practicar el control de nuestros pensamientos. Con tiempo y práctica, puedes cambiar fácilmente tu pensamiento a pensamientos más placenteros y productivos. Es posible que te sientas estresado como resultado de tus pensamientos. Sin embargo, puedes ayudar a cambiar eso para que pienses mejor. También puedes cambiar tu pensamiento a pensamientos más importantes y significativos. En lugar de dejar que tu mente divague, puedes controlar adónde va tu mente. Puedes pensar en lo que quieras para tener la reacción deseada a tus pensamientos.

Para controlar tus pensamientos, debes ser capaz de detener los pensamientos no deseados. Quizás estás pensando en algo que te estresa, te entristece o te causa frustración.

. . .

Para hacerlo, debes darte cuenta cuando estás teniendo uno de estos pensamientos y darte cuenta de qué es ese pensamiento y qué efecto está teniendo en ti. Cuando sientas que te estás alterando, tómate un momento para reflexionar sobre ti mismo.

¿Qué estás sintiendo en este momento? ¿Estás estresado, enojado, frustrado, triste, decepcionado, ansioso o algo más?

Cada sentimiento que experimentas es causado por un pensamiento que tienes. Da un paso atrás e identifica qué está causando ese sentimiento específico. Puede que tengas que escribir cada uno de los pensamientos que tienes o realmente escanear tu cerebro para determinar lo que está pensando.

Después de esto, identifica las causas y efectos adicionales. ¿Por qué te hace sentir así? ¿Es por un evento negativo que sucedió similar a ese? ¿Alguien más te dio un mal presentimiento sobre un próximo evento? Determina por qué exactamente te sientes así acerca de lo que sea. Casi siempre hay algo más que la emoción y el razonamiento superficiales que te están afectando.

Una vez que hayas identificado qué causó esta emoción, déjala salir. Puedes despotricar dentro de tu cabeza. Puedes optar por escribirlo todo. Incluso puede hablar con alguien en quien confíe. Independientemente, debes dejar salir la emoción de alguna manera, es más saludable hacerlo que reprimir tus emociones. Si tú no te has ocupado de un problema anterior, tendrás que hacerlo ahora.

Tal vez estés nervioso por una próxima entrevista porque la última a la que fue no funcionó bien. Tu cerebro volverá a esa decepción hasta que te hayas ocupado de ella y sigas adelante. Debes ser capaz de separar la nueva situación de la anterior. Esos pensamientos negativos no deberían interferir con eso. Al lidiar con los pensamientos negativos asociados con eso, te alejarás de eso y podrás superar el dolor. También podrás sacar esta imagen mental de tu mente.

Montando tus olas emocionales

Las emociones son como las olas. Van y vienen, y siempre están cambiando. Van en diferentes direcciones, tienen diferentes intensidades y pueden ser muy poderosas. Las olas pueden ser peligrosas. Si vas contra la ola, puedes ser empujado, derribado e incluso ahogado. Esto es similar a tus emociones. Si tratas de suprimirlos o luchar contra ellos, no ganarás. Las emociones tomarán el control y te dejarán sintiéndote abrumado y derrotado. Sin embargo, es posible que aprendas a "navegar" por tus emociones y a usarlas a tu favor.

. . .

Montar tus olas en lugar de luchar contra ellas puede resultar muy beneficioso para ti.

Debes poder anticiparte a las olas. Reconoce que siempre vendrán y que no hay nada que puedas hacer para detenerlos. Sin embargo, puede tratarlos de manera diferente. Una ola no parece tan abrumadora si aprendes a montarla. Solo parece masivo cuando estás a punto de ser superado por ella.

Comprende que las emociones van y vienen y desarrolla un aprecio por tus emociones. Esto es lo que te hace a ti mismo. Habrá diferentes emociones en diferentes momentos y con diferentes intensidades.

Debes ser capaz de observar la ola antes de que llegue. Reconocer su existencia y qué tipo de onda es. Habrá diferentes ondas, y debes ser capaz de identificarlas y diferenciarlas.

Reconoce qué tipo de emoción estás sintiendo. Has esto sin añadir tu juicio. Debes reconocer que es parte de quién eres, pero no define quién eres. Cada ola será diferente, y debes ser capaz de darte cuenta de eso. Determina qué tan intensa es la ola, ya que eso determinará la mejor manera de montarla.

. . .

Debes estar dispuesto a montar la ola. En lugar de dejar que te ahogue, simplemente experiméntalo. Date cuenta de que la ola vendrá y se irá. Solo deja que suceda. Experimenta la emoción.

No dejes que te domine. Si luchas contra la emoción, solo sentirás que te ahogas. En cambio, deja que la ola suceda. Date cuenta de que no durará para siempre y manejarlo realmente te ayudará. Puedes permitirte pasar por las etapas de la ola para que puedas experimentarla. Puede tomarse un tiempo para dejar que suceda y hacer lo que se sienta natural.

Recuerda que siempre vienen nuevas olas. La ola que estás experimentando actualmente no durará para siempre. Será reemplazado por una nueva ola.

No estarás atrapado en la misma ola por el resto de tu vida.

De hecho, te resultará más fácil pasar a la siguiente ola si aprendes a superar la ola actual. Puedes comenzar a desarrollar entusiasmo por las olas que experimentas. Puede ser como un juego para ti. Siempre viene una nueva ola; cuál será la próxima. Desarrolla entusiasmo y aprecio por la variedad de emociones que experimentas. No veas tus emociones como positivas o negativas. Todos son parte de la experiencia de la vida. Tendrás la emoción de que estás montando en este momento, pero eso no significa que estarás montando lo mismo la próxima semana, mañana o incluso dentro de una hora. Tienes que estar abierto a todas las emociones que experimentes, ya que todas serán temporales. Experimentar una emoción puede darte una apreciación aún mayor por otra. Acepta la amplia variedad de olas emocionales que montas.

Manipulando tu mentalidad

Tu forma de pensar hace una gran diferencia en tu forma de pensar, tu nivel de motivación, tu productividad y tus emociones. Cuando puedas cambiar tu mentalidad a la que deseas, podrás lograr más y sentirte mejor. Es necesario que replantees tu mentalidad para que puedas lograr tus objetivos. En lugar de reaccionar a todo, debes cambiar tu forma de responder a la vida. Los obstáculos no son lo que te define; es cómo superas esos obstáculos que te hacen ser quién eres y definen qué tan exitoso serás.

Una forma de cambiar tu forma de pensar es alterar la forma en que te ves a ti mismo. En lugar de dejar que tus errores te definan, concéntrate en tu éxito y en tu potencial para un mayor éxito. Debes ser capaz de ser positivo contigo mismo. Reconoce que siempre hay espacio para mejorar y que siempre se cometerán errores. Siempre surgirán nuevas oportunidades, y no todas las oportunidades son para ti. Date cuenta de que algunas oportunidades perdidas te darán la oportunidad de experimentar otras que de otro modo no habrías podido. En general, debes cambiar tu mentalidad con respecto a ti mismo. Recuerda que eres capaz de cualquier cosa que te propongas y podrás lograr tus objetivos.

También debes cambiar tu forma de pensar con respecto a las situaciones externas. Puede que no estés contento con tu vida actual en este momento, pero debes ser capaz de apreciar todo lo bueno y lo malo de la vida. Cambia tu mentalidad a una mentalidad de crecimiento. Siempre hay espacio para mejorar, y puedes hacer cambios en tu vida para mejorarla. Nunca te subestimes, ya que siempre tienes el potencial de acercar tu vida a la imagen ideal que tienes de ti mismo.

Controla tus propios pensamientos

A menudo dejamos que otros controlen nuestros pensamientos.

Podemos permitir que otros cambien nuestra forma de ver el mundo y que alteren nuestras emociones. Puedes estar de buen humor y una persona puede cambiar tu día por completo (para bien o para mal).

Es importante no permitir que esto suceda. Debes poder asumir la responsabilidad total de tus pensamientos y emociones, y no debes permitir que otros cambien eso. Mantén el control de tus propios pensamientos. Aunque es importante permitirte aprender y crecer de los demás, debes ser capaz de seguir siendo el maestro supremo de tus pensamientos.

Comprueba regularmente contigo mismo. Determina si cómo te sientes es el resultado de otra persona. Si es así, tómate un momento para separarte de la situación y reflexionar.

Recuerda que todos tienen derecho a sus propios pensamientos. Si alguien intenta derribarte, respeta que tal vez no esté teniendo el mejor día y maneja tus propias emociones tú mismo. Defiéndete a ti mismo y a tus emociones. Evita a aquellos que tienden a enfocarse en pensamientos negativos, dramas o similares. Defiende tus propias creencias y no permitas que otros las cambien o te derriben.

3

¿Cómo Mejorar Tu Rendimiento En El Trabajo? Y ¿Cómo Aumentar Tu Productividad?

El estrés y el trabajo

El estrés y la productividad se afectan mutuamente. Cuando uno sufre, el otro también sufre. Esto puede tener un gran impacto en ti en el trabajo. Puede resultarte difícil lograr lo que necesitas cuando el estrés te deprime. También puede resultarte difícil no sentirte estresado cuando tienes un día improductivo. Debido a esto, debes aprender a lidiar adecuadamente con el estrés en el trabajo para que puedas seguir siendo productivo y lograr lo que necesitas a lo largo de tu día en el trabajo, reduciendo el estrés.

Cuando estás en casa, puede ser un poco más fácil controlar tu estrés. Es posible que tenga seres queridos (personas o mascotas) cerca y que puedan apoyarte. Hay comida disponible y puedes relajarte en un área que elijas. Es posible que no tengas que preocuparte tanto de que alguien necesite que hagas algo, y puede ser más fácil desestresarte.

En el trabajo, sin embargo, hay otras personas que necesitarán tu ayuda. Tendrás un jefe supervisándote (o tendrás que dar un buen ejemplo a aquellos de los que eres el jefe). Ahí hay otras personas a tu alrededor que pueden no ser tus personas favoritas. También puedes estar insatisfecho con tu trabajo.

Hay muchas formas posibles de estresarte en el trabajo. Debes saber gestionar este estrés para que tu jornada laboral sea mejor para ti.

Cuando te sientes estresado en el trabajo, puedes comenzar a sentirte abrumado, ansioso, irritable, desmotivado o fatigado.

Puede resultarte difícil concentrarte en tu trabajo. Cuando esto sucede, es importante tomar un pequeño descanso si es posible.

Si es posible, puedes tomar unos minutos para ir al baño solo para que puedas tomarte un poco de tiempo de tu tarea actual.

Incluso puedes caminar o hacer algo por un rato para distraerte. Si no puede tomar un descanso, al menos tome algunas respiraciones. Distráete pensando en algo que te calme y te haga feliz. Puedes tratar de hablar con otras personas, ya sean clientes o compañeros de trabajo. Trata de comunicarte con otras personas en el trabajo para que tengas personas que te apoyen y con quiénes socializar. Si tienes personas en el trabajo con las que te gusta hablar, puedes disfrutar mucho más de tu trabajo.

Recuerda cuidar tu cuerpo. Cuando no duermes bien, te faltará la energía que necesitas para concentrarte. Siempre toma un buen desayuno y recuerda empacar comida para el trabajo. Si comes en el trabajo, empaca algo nutritivo y llenador. No olvides tener bocadillos y agua disponibles para ti también.

También puedes salir más temprano en las mañanas. Esto te dará tiempo adicional para llegar allí en caso de que haya tráfico o cualquier otra cosa. También te dará un poco de tiempo para prepararte mentalmente antes del trabajo. Puedes hacer planes para el día y programar lo que debe programarse.

Este también es un momento para planificar tus descansos y lo que hará durante tus descansos. Recuerda no comprometerte demasiado, ya que solo te desgastará.

Hábitos para aumentar la productividad

Como has aprendido, aumentar tu productividad es crucial para tu éxito. Es necesario para reducir el estrés y hacer más en el trabajo. Te sentirás mucho mejor cuando aumentes tu productividad. También podrás hacer más cosas en menos tiempo. Esto significa que puedes conocer a más personas, ir a más lugares, ganar más dinero, lograr más metas y lograr más de lo que deseas. ¿Qué hay que perder? Por supuesto, puedes perder algunas de las distracciones y momentos desperdiciados de la vida. Pero, ¿qué estás esperando? El mañana nunca llega, y es importante vivir el momento y disfrutarlo tanto como sea posible en lugar de dejar que la vida pase ante tus ojos.

Los siguientes son algunos hábitos útiles que puedes implementar para que pueda aumentar tu productividad.

Una forma es rastrearte a ti mismo. En tu teléfono, es posible que puedas realizar un seguimiento de la frecuencia con la que usas ciertas aplicaciones. Sin embargo, deberías poder hacer esto en la vida real. A menudo, ni siquiera nos damos cuenta de cómo estamos gastando nuestro tiempo. Al llevar un control escrupuloso de tu tiempo, aunque sea solo por un momento, aprenderás a medir mejor el paso del tiempo. Durante una semana, ten un reloj listo y anota cada cosa que hagas. Puedes probar esto en el trabajo. Establece un lugar para escribir y haz un seguimiento de todo lo que haces. Incluso puede hacer esto por cada hora de trabajo que hagas. Sin embargo, cuanto más detallado sea, más aprenderás de ti mismo y comprenderás tus hábitos. En lugar de tener un tiempo específico para escribir lo que estás haciendo, puedes escribir cada vez que cambies lo que estás haciendo. El ejemplo muestra las tareas completadas cada hora, lo que puede ayudarte a comprender cuánto logras realmente en un día.

· · ·

Al hacer esto, puedes darte cuenta de que logras más en un día de lo que crees. Si este es el caso, puedes celebrar tu éxito y trabajar para mejorar aún más. ¿Hay margen para más mejoras? Si te encuentras logrando menos de lo que pensaste que hiciste o sabes que es posible para ti, trabaja para arreglar un área a la vez.

Eliminando distracciones

A partir de las notas sobre ti que tomaste, puedes identificar lo que te distrae. Al escribir lo que te distrae, puedes hacerlo mucho más fácil para ti. Reconocer lo que te distrae es el primer paso para eliminar las distracciones de tu vida. Cuando puedes reconocer lo que te distrae y darte cuenta cuando te distraes, puedes reducir y eliminar las distracciones de tu vida, ayudándote a lograr más en lugar de quedar atrapado en las distracciones.

Debes trabajar en un ambiente que te ayude a hacer más, no uno que te distraiga. Si puedes eliminar lo que te distrae físicamente, puede ser más fácil hacer el trabajo. Al final de cada día, asegúrate de limpiar lo que ensucias para que no tengas una gran cantidad de desorden para recibirte al comienzo de cada día. Mantenerte organizado y tener un sistema para tus artículos, puede ayudarte a sentirte menos abrumado.

También podrá concentrarse en lo que importa. Desactiva las notificaciones de tu teléfono, computadora y otros dispositivos que te distraigan. Incluso puedes desinstalar aplicaciones o bloquearlas para que no tengas la tentación de usarlas durante el trabajo. Deshazte de cualquier elemento que te distraiga. Por lo general, los colores brillantes pueden distraer y captar tu atención. Al trabajar en un lugar en el que puedes concentrarte, te sentirás mucho mejor.

Elimina posibles distracciones corporales. Ten bocadillos y agua a mano en caso de que tengas hambre y sed. Esto te ahorrará el tiempo que lleva ir a buscar estos artículos.

Recuerda obtener una cantidad adecuada de sueño, para que no te canses. Cuando estés cansado, no tendrás la energía para concentrarte y ser productivo. Ve al baño antes de comenzar las tareas y durante los descansos. Si tienes que usar el baño en medio del trabajo, recuerda volver a la tarea en lugar de prolongar tu descanso. Debes tomar descansos, pero también es importante poder recuperar tu concentración después de tomar un descanso. De lo contrario, puedes pasar más tiempo tomando descansos en lugar de trabajar. Esta no es una buena manera de ser productivo y lograr lo que quieres.

Las prioridades y la procrastinación

Para ser productivo, debes eliminar la procrastinación y aprender a establecer prioridades. La procrastinación realmente puede deprimirte y evitar que logres tus objetivos. Sin embargo, puedes eliminar la postergación implementando algunos hábitos en tu vida. También puedes eliminar algunos malos hábitos que sirven como ayuda para la procrastinación.

Priorizar tus tareas también te ayudará a hacer lo que necesitas primero. Podrás concentrarte en lograr lo que importa primero en lugar de dejarte distraer por lo que no. Por esta razón, procrastinar y priorizar van de la mano. Cuando aprendes a priorizar, estás eliminando tu procrastinación.

A menudo, tendemos a procrastinar sin siquiera darnos cuenta. En su lugar, puedes completar tareas que no son tan importantes o urgentes de completar tareas que son más importantes y necesitan hacerse más rápido.

Por ejemplo, es posible que debas trabajar en la limpieza de la casa y programar una cita con el médico para tu problema médico. La casa es importante, ya que necesita estar limpia para que estés sano y feliz. La cita con el médico es urgente, ya que debes acudir para cuidar tu salud. En lugar de hacer estas tareas, que son las más importantes para ti, es posible que te encuentres haciendo todo menos estas tareas. Puedes ir a la oficina de correos, comprar cosas que no necesitas, hablar con amigos y familiares y hacer otras tareas sin importancia.

Cuando miras hacia atrás, ¡tuviste un día productivo! Lograste mucho y fuiste capaz de hacer mucho. Sin embargo, no estabas logrando lo que se suponía que debías estar haciendo. Es importante darte cuenta de que las prioridades sólo importan si te apegas a ellas. Es posible posponer las cosas y aun así hacer las cosas. Debes aprender a evitar verdaderamente la procrastinación y seguir tus prioridades.

La mejor manera de hacerlo es mediante la utilización de listas de tareas pendientes. Haz una lista de cosas por hacer para el día siguiente cada noche. De esta manera, te concentrarás en lo que realmente debe hacerse en lugar de lo que deseas hacer.

Piensa en 1-3. Elementos IBU (por sus siglas en inglés, importantes, grandes y urgentes) para su lista. Estas son las tareas súper importantes para ti. Si solo logras esto y nada más, serás feliz con tu día. Luego, también puedes anotar otras tareas menos importantes. Sin embargo, sólo puedes trabajar en estas tareas si ya has realizado tus tareas de IBU. Esto te ayudará a concentrarte en lo que importa en lugar de quedarte atrapado en lo que no.

También puedes ayudarte a dividir las tareas más grandes. Si te sientes abrumado por todo lo que necesitas hacer, divide tus tareas en tareas más pequeñas.

También puedes poner un temporizador. Date una cantidad determinada de tiempo para trabajar y una cantidad determinada de tiempo para un descanso. Tal vez trabajes durante 45 minutos y tomas descansos de 15 minutos. Esto significa que estás trabajando el 75% de cada hora. Experimenta y ve qué funciona.

. . .

El estrés tiene un gran impacto en tu vida. Puede tener un impacto especial en tu productividad. Puede ser realmente difícil hacer las cosas cuando te sientes estresado, por eso es tan importante aprender a manejar adecuadamente tu estrés. Cuando estás estresado, tu productividad disminuye. Cuando tu productividad disminuye, tu estrés aumentará. Tienen un efecto en verso entre sí. Es importante volverse más productivo para que pueda prevenir y reducir el estrés por sí mismo.

¿CÓMO AUMENTAR TU PRODUCTIVIDAD?

Uno de los mayores problemas de pensar demasiado es que conduce a la procrastinación. De hecho, el objetivo del cerebro para causar ansiedad es empujarlo a la inactividad. Quiere que te quedes en un rincón para minimizar el riesgo. No es forma de vivir en este mundo donde tu contribución importa.

La procrastinación es uno de los efectos secundarios más comunes de pensar demasiado. Te mantiene en un bucle interminable de pensamiento que no tiene campo de acción. Tu mente puede seguir formando estrategias y luego descartarlas después de un punto para formar nuevas y mejores. Este proceso puede continuar hasta el final de los tiempos.

Lo que realmente necesitas es un plan para romper la cadena de pensamientos y entrar en acción. Cuanto más sigas pensando, más difícil será dejar de pensar demasiado en ello. Incluso las mejores estrategias del mundo pueden tirarse por el desagüe si no se ponen en práctica.

La procrastinación puede ser uno de los mayores rasgos negativos de una persona que piensa demasiado, y también apoyaría tu hábito de no actuar a tiempo.

A continuación, se presentan 5 estrategias que pueden ayudarte a abandonar el modo de pensar y tomar medidas. Puedes elegir cualquiera de estos según la situación y romper el punto muerto. Recuerda, cuanto más tiempo permanezca en el punto muerto, más difícil le resultará salir de él.

La regla de los 5 segundos

El miedo tiene una relación muy arraigada con el aplazamiento de las cosas. Cuando tienes miedo de hacer algo, sus resultados, o te disgusta, la mente automáticamente comienza a pensar demasiado en ello.

Te hace pensar en las consecuencias si las cosas salen mal y también te hace creer que las cosas saldrán mal. Muchas veces, si no actúas a tiempo, la mente podrá convencerte de que el tiempo ha pasado y que no servirá de nada actuar en ese momento.

. . .

A la mente le gusta mantenerse sentada atada a los pensamientos. Ese es el terreno de juego más seguro según la mente.

Solo posponemos para el futuro cosas que no nos gusta hacer.

Las cosas por las que no sentimos tanta pasión o las cosas que nos han impuesto. Las cosas por las que nos apasionamos, las proponemos. La gente no quiere levantarse por la mañana a pesar de que el despertador suena varias veces y se duerme. La razón es su desapasionamiento por levantarse. No se sienten entusiasmados con las perspectivas del día.

Las mismas personas se levantarían horas antes si tienen que hacer algo que realmente les apasione.

Sin embargo, no puedes ser un apasionado de todo lo que necesitas hacer. Especialmente no sobre las cosas que temes o detestas. Sin embargo, la acción sólo te empujará a pensar demasiado.

Establece una regla para entrar en acción dentro de los 5 segundos de tener el pensamiento.
Es una ventana muy corta. Pero no necesitas terminar el trabajo en 5 segundos. Simplemente necesita iniciar.

. . .

Por ejemplo, si necesitas ir a la oficina, dentro de los 5 minutos posteriores al timbre del despertador, debes levantarte de la cama. Si te quedas más tiempo allí, tu primera preferencia sería dormirte una última vez.

Una vez que cruce la ventana de 5 segundos, tu mente comenzará a pensar demasiado en todo el proceso y seguramente encontrarás cosas para probar la inutilidad de todo el proceso.

Ponte en acción antes de que sea demasiado tarde. Esta es una gran manera de romper los grilletes de la procrastinación.

Abandonando el piloto automático

La mayoría de las decisiones que tomamos no son decisiones conscientes. Son las decisiones tomadas por instinto. Realmente no pensamos mucho en ellas. Esto sucede porque nuestra mente permanece en modo de piloto automático la mayor parte del tiempo.

Si no te has estado tomando mucho con tomar decisiones reales, te gusta tomar decisiones basadas en referencias. Las cosas que hiciste antes en situaciones similares ¿Condujeron a algún resultado negativo? ¿Qué probabilidad de éxito ves para las acciones en este intento?

Tus acciones son guiadas por el piloto automático en tu mente sobre la base de tales preguntas. Las situaciones nunca se juzgan por su mérito. A la mente no le gusta ver la probabilidad del éxito esta vez y las condiciones que podrían conducirlo al resultado. Quieres mantener la inercia. Esta es la razón por la que la mayoría de las personas posponen las cosas y nunca toman medidas. Tu mente descalifica fácilmente la mayoría de las posibilidades sin siquiera considerarlas un poco.

El tiempo restante que tendrás a la mano ahora será utilizado para pensar demasiado.

Si quieres deshacerte de esta trampa de pensar demasiado, debes deshacerte del piloto automático. Mira las cosas con atención. Toma todas las decisiones conscientemente. Mira el mérito de cada situación, y no trates de asumir tanto las cosas.

Esto preparará un mejor terreno para la acción y también evitará que pienses demasiado cuando dejes de asumir muchas cosas.

Comenzando positivamente

Una de las principales razones por las que nos retractamos de tomar cualquier tipo de acción es nuestra tendencia a ver las cosas con pesimismo. Empezamos con una nota negativa y luego esperamos que las cosas terminen positivamente. Esto casi nunca funciona.

El proceso de pensamiento negativo es desalentador y es malo para la iniciativa. Reprender tu propia mente no te animará; te empujará a la inacción.

Intenta comenzar algo nuevo, incluso un día con una intención positiva. No lo cargues con expectativas, ya que eso también puede llenarte de preocupaciones. Simplemente comienza con una nota positiva de que las cosas mejorarían desde donde comenzó.

Si sientes que ver las cosas de manera positiva desde tu perspectiva no es posible debido a tu visión limitada, intenta cambiar tu perspectiva. Ponte en el lugar de otra persona que podrías imaginar haciendo un mejor trabajo. Piénsalo con una perspectiva diferente. A veces, cambiar la perspectiva puede traer todo el cambio en el trabajo. Las mismas cosas que pueden parecer muy desafiantes de tu ángel, tal vez un pedazo de pastel para los demás.

Una vez un hombre buscaba una iglesia famosa en un pueblo. Había venido caminando desde lejos y se estaba poniendo de mal humor. Vio a un niño pagando en el camino y le preguntó la distancia de la iglesia. El chico pensó por unos segundos y dijo 24,858 millas. El hombre estaba asombrado de incredulidad. Dijo que la iglesia no podía estar tan lejos. He venido a buscarlo desde tan lejos.

. . .

El niño dijo que eran 24,858 millas según el camino que había tomado; sin embargo, solo eran 2 millas si caminaba en la dirección opuesta.

A veces simplemente miramos las cosas desde un ángulo muy difícil. Mirarlo a través de la perspectiva de otra persona puede cambiar toda la historia.

Puedes hacer que el trabajo sea fácil e interesante. Si te sientes atascado en algún trabajo y sientes que no puedes hacerlo, trata de pensar de manera diferente desde el punto de vista de otra persona.

Reconocer los miedos

Los miedos pueden empujarnos a la inacción. Tiene un impacto muy fuerte en nuestras habilidades para tomar decisiones. Si no abordamos nuestros miedos, nos seguirán acorralando. Incluso si seguimos evitando los miedos, nuestra mente no se sienta en silencio; te hace pensar todo el tiempo sólo sobre esos miedos y consecuencias de las acciones.

No hay escape de este ciclo. Si quieres evitarlo, la única forma efectiva es reconocer tus miedos.

. . .

En el momento en que reconoces los miedos, pierden el impacto mortal que tienen. Puedes comprender claramente el tipo de impacto que tendrán. También tienes la oportunidad de mirar más allá de los miedos y evaluar claramente las posibilidades de éxito.

Esta es una buena manera de romper el punto muerto y salir del hábito de la postergación llevado por el miedo.

Aprendiendo el arte de establecer hitos

Nuestra mente está constantemente buscando las vías para empujarnos a la inactividad. Busca formas de empujarlo a la inacción, ya que ese es el enfoque más seguro.

Muchas personas que comenzaron a trabajar de manera ambiciosa en un momento dado terminan fracasando, no porque se hayan esforzado demasiado, sino porque su mente fue capaz de convencerlos de la inutilidad de sus acciones.

Por ejemplo, tu objetivo es perder 30 libras y adelgazar. Tus aspiraciones, motivaciones externas e inspiraciones pueden darte energía para comenzar a trabajar en esa dirección. Pero es una tarea que requiere una motivación constante ya que estarás trabajando contra tu propio cuerpo. El cuerpo haría el trabajo difícil. La mente ayudaría al cuerpo en ello.

. . .

Esto significa que después de unos días, mantener esa motivación puede volverse muy difícil. La tarea de 30 libras no es algo que vayas a conseguir en unos pocos días o semanas y, por lo tanto, hay una alta probabilidad de que te rindas.

Muchas personas se rinden incluso antes de haber comenzado, ya que tu mente comienza a pensar demasiado en las probabilidades de éxito y no encuentran ninguna.

Ahora, piensa si hubiera definido tu objetivo de una manera más precisa y lo hubiera dividido en hitos más pequeños.

Perder 30 libras en 6 meses parece una meta muy bien definida. Hay una línea de tiempo objetivo para que no puedas seguir posponiéndolo más. Este es tu primer desafío a la procrastinación.

Sin embargo, 6 meses es un período muy largo y mantener la motivación, incluso con una meta definida, puede ser difícil.

También necesita hitos que le ayuden a tu búsqueda.

Los hitos te ayudan a organizar los resultados en compartimentos más pequeños para que puedas realizar un seguimiento de tu progreso.

. . .

Necesitas perder 30 libras en 6 meses significa que tienes 24 semanas para perder 30 libras. Nos lleva a 1.25 libras por semana.

Tendrás un objetivo semanal, y eso puede actuar como tu motivador constante. Tendrás algunas semanas en las que la pérdida de peso será más lenta.

Los hitos te empujarían a trabajar más duro la semana siguiente para compensar el déficit.

Habrá semanas en las que sus logros serán mayores y los hitos se impulsarán para trabajar más duro para lograr el objetivo final más rápido.

Establecer objetivos claros, dividirlos en hitos más pequeños y entrar en acción inmediatamente puede ayudarte a romper la cadena de procrastinación e inactividad.

4

¿Cómo Mejorar Tu Estado De Ánimo, Sin Importar Cuáles Sean Las Circunstancias?

Maneja tu mente

Tomar el control de tus pensamientos y emociones es una herramienta importante y necesaria para manejar tu mente.

En realidad, si no tienes el control de tu mente, lo más seguro es que ella te controle a ti. Este control efectivo conduce a elecciones y hábitos más saludables y positivos que pueden reducir el estrés y superar la ansiedad y la depresión. Te proporciona un marco y las herramientas adecuadas para evitar que tus pensamientos se salgan de control.

Una de las claves más importantes para manejar tu mente es comprender que tienes la capacidad y la habilidad para cambiar. Con demasiada frecuencia, las personas permanecen en la misma vieja rutina porque no creen que sean capaces o dignos de cambiar.

El cambio es inevitable y estar listo y dispuesto a aceptar el cambio es donde entra en juego la mente sana y sana.

Algunas otras formas de administrar tu mente de manera más efectiva podrían ser llenándola con información saludable y positiva. Hay muchas maneras de lograr esto, desde leer un buen libro, escuchar audiolibros motivadores o incluso algo tan simple como una rutina básica de ejercicios diarios.

Hábitos diarios para manejar tu mente

Hay varias formas de ayudarte a obtener un mejor control de tus pensamientos diarios. Según los expertos, los hábitos son el resultado del aprendizaje repetitivo y pueden ser tanto buenos como malos. En un artículo publicado se describen tres características principales necesarias para formar hábitos beneficiosos de la siguiente manera:

1. La atención
2. El enfoque
3. La repetición intencionada

Algunos ejemplos de buenos hábitos incluirían cosas como la meditación, la lectura, la escritura y el ejercicio. Se sabe que cada uno de estos hábitos ayuda a controlar una mente hiperactiva. El desarrollo comienza con la decisión de hacer un cambio y el compromiso de llevarlo a cabo. Esto significa aprender a administrar tu tiempo de manera efectiva reservando la cantidad de tiempo necesaria para cada una de estas prácticas y asegurándote de cumplirlas.

Puedes empezar dedicando de 15 a 30 minutos diarios, que también puedes repartir a lo largo del día, o entre la mañana y la noche. Aquí hay algunos ejemplos de cómo hacer esto:

Meditación diaria

Comienza tu día con cinco a 10 minutos de meditación. Combinado con ejercicios de atención plena y respiración, esto ayudará a que tu cuerpo vuelva a su equilibrio natural (homeostasis) y a un lugar de relajación y aceptación de nuevas ideas. Es vaciar tu cabeza de pensamientos no deseados sobre tu día y reemplazarlos con una mente clara y enfocada.

En un artículo publicado en el 2007 estudiantes afiliados de la Universidad de Harvard junto con el Hospital General de Massachusetts (MGH), descubrieron que al usar esta forma de meditación durante un período de sólo ocho semanas de entrenamiento en meditación mindfulness, se observaron diferencias físicas en el cerebro, como el engrosamiento del hipocampo (responsable de la memoria y el aprendizaje) y aparecieron otros cambios en la amígdala, que controla la ansiedad, el miedo y el estrés. Los participantes de este estudio confirmaron que sentían que tenían más control sobre sus emociones y su estado mental.

Afirmaciones positivas

El concepto de afirmaciones positivas existe desde hace mucho tiempo.

Son un conjunto de afirmaciones positivas estructuradas para reforzar un sistema de creencias positivo. Son más efectivos cuando pueden verse u oírse varias veces al día. La repetición en varios momentos del día puede eliminar cualquier patrón de pensamiento negativo y reemplazarlo con afirmaciones positivas.

Las afirmaciones positivas deben ser realistas y algo que resuene contigo. Deben hablar de las metas que te has fijado o de las formas de superar los sistemas de creencias limitantes. Comprométete a escribir entre 10 y 15 afirmaciones positivas y dilas al menos tres veces al día durante un mes.

- "Los errores son solo peldaños hacia el éxito. Son el camino que debo recorrer para lograr mis objetivos".
- "Cada día, me acerco un paso más a la vida de mis sueños".
- "Libero todos los pensamientos negativos sobre mí mismo y me acepto tal como soy".
- "Tengo el poder y la capacidad de controlar mi peso mediante el ejercicio regular y una alimentación saludable".

- "Merezco ser exitoso y feliz".

Estas son solo algunas ideas para comenzar. Hay afirmaciones que puedes crear para asociarlas con cada aspecto de tu vida y darte el impulso necesario. Haz cada uno personal y creíble, ya que están destinados a ti.

Practica la gratitud

En un artículo publicado por la Universidad de Harvard, se confirma que se realizó un estudio de psicología conjunto entre la Universidad de California y la Universidad de Miami sobre el impacto de practicar la gratitud. Divididos en tres grupos, se les pidió a los participantes que escribieran algunas oraciones breves cada semana sobre temas asignados específicamente. A un grupo se le pidió que se concentrará en las cosas por las que estaban agradecidos; otro grupo tuvo que escribir sobre cosas que les molestaban durante la semana; el grupo final podría escribir sobre cualquier cosa que los haya influenciado dentro del mismo período de tiempo.

Al final de este estudio de 10 semanas, aquellos que se habían centrado en la gratitud eran más optimistas y se sentían mejor consigo mismos. Además de esto, se mostraron más inclinados a incorporar algún tipo de ejercicio físico en su rutina diaria y no visitaron a los médicos con tanta frecuencia como el grupo al que se le pidió que escribiera sobre aquellas cosas que les molestaban.

· · ·

Termina tu día con la misma rutina, pero agrega otro ejercicio en el que mentalmente repases tu día. Mantén una pequeña libreta o diario al lado de tu cama y antes de ir a dormir haz una lista de cinco cosas por las que estás agradecido que te sucedieron ese día. No es necesario que sean grandes cosas, pero deben significar algo para ti. Trata de no ser repetitivo con lo que escribes, esto desafiará a tu cerebro a generar nuevas ideas, derribando algunas de las paredes del pensamiento excesivo.

Al practicar cada uno de estos hábitos diarios y desarrollar una rutina, lentamente comenzarás a notar que estás alejando tu mente de la forma en que alguna vez fue. Tomará persistencia, perseverancia y esfuerzo, pero recuerda que es posible. El aprendizaje repetitivo es la clave para liberarse de los hábitos apremiantes de pensar demasiado. Comenzarás a cambiar tu enfoque lentamente hacia el momento presente, que es exactamente donde quieres que esté.

5

Pasos Simples Para Eliminar
Influencias Negativas De Tu Vida

La negatividad es una forma en que vemos el mundo, que está marcada por los pensamientos y sentimientos que una persona expresa hacia la realidad. El pensamiento negativo proviene del interior de una persona. Siempre que pienses negativamente, solo te enfocarás en lo malo de la vida y no reflejarás suficiente positividad. Como resultado, pensarás en los peores resultados posibles de una acción o decisión. Las personas negativas tienden a ser escépticas ante cualquier consejo que se les dé y no confían en las personas debido a sus experiencias pasadas.

Aunque una persona pueda adoptar una mentalidad negativa, no es saludable y dificulta su capacidad para formar conexiones significativas con otras personas. ¿Tiendes a mirar el lado positivo o siempre encuentras cosas de las que quejarte y quejarte? Si eres optimista, verás las cosas por el lado bueno.

. . .

Sin embargo, si eres una persona negativa, solo verás el lado oscuro de cada tipo de situación.

Cuando una persona negativa se enfrenta a un desafío o dificultad, él o ella automáticamente a una predicción negativa de lo que podría suceder en una situación dada.

¿De dónde sacas los pensamientos negativos?

Los pensamientos negativos que surgen en nuestra mente provienen de muchos lugares, incluidos los patrones de creencias que desarrollamos con el tiempo. Nuestros valores pueden incluir nuestro dinero, trabajo, relaciones, trabajos y otras cosas. Si deseas saber de dónde parecen provenir tus pensamientos negativos, debes hacerte algunas preguntas.

1. ¿Te encuentras quejándote de todo?
2. ¿Culpas a los demás antes que a ti mismo?
3. ¿Te gusta predecir un resultado negativo en alguna situación dada?

Además de estas preguntas básicas, también debes pensar en las cosas que contribuyen a tu pensamiento negativo, incluidas las críticas a las personas, sentirte víctima de diferentes situaciones, experimentar depresión y siempre predecir una emergencia. A medida que piensas en estas ideas, te das cuenta de lo rápido que los pensamientos negativos pueden propagarse como la pólvora. Siempre que estés en compañía de personas que siempre piensan negativamente, serás propenso a pensar de esa manera. Cuanto más te juntas con personas que tienen una visión pesimista de la vida, más negativo te volverás.

Por lo tanto, es crucial encontrar amigos con los que puedas estar que puedan edificarte en lugar de aquellos que constantemente derriban a otras personas.

Tener pensamientos negativos en tu vida

Cuando tienes pensamientos negativos, experimentas un impacto severo en tu salud en general. Tus ideas pesimistas harán que tu cerebro entre en modo supervivencia, el cual estará estresado ante todas las situaciones que se presenten.

Cuando una persona experimenta estrés crónico, sentirá los efectos psicológicamente Ya sea que lo sepas o no, verás que esos pensamientos negativos afectarán tu capacidad para funcionar y tendrán consecuencias a largo plazo que pueden poner en peligro tu bienestar. Es posible que no puedas comer mucho o que te estreses por comer para poder lidiar con la situación. Cuando pierdes o aumentas de peso, es probable que estés lidiando con pensamientos negativos como resultado del estrés en tu cuerpo.

La negatividad puede causar dificultades relacionales con familiares, colegas y otras personas de tu círculo. Cuando eliges permanecer en las áreas negativas de tu vida, otras personas lo seguirán y juzgarán y criticarán a las diferentes personas con las que se puedan encontrar. Pronto, todo gira como una ficha de dominó, llevándote a una gran cantidad de estrés y ansiedad.

Además de las dificultades relacionales, la negatividad resulta casi inevitablemente en depresión, y la depresión afectan la salud y el bienestar de las personas. Además, si estás con personas a las que les encanta derribar a los demás, no querrás estar con ellos y preferirías ir solo. Es vital encontrar personas que puedan ser una presencia alentadora en su vida y darle una mejor influencia.

¿Cómo quitar las influencias negativas de tu vida?

Ahora que hemos analizado las causas de la negatividad, podemos buscar formas de dejar de ser tan negativos y comenzar a vivir una vida alegre y positiva.

1. Aléjate de las personas negativas en tu vida.

Piensa en una persona que conoces que siempre es negativa. Evita hablar con ellos. Pon cierta distancia entre tú y ellos. No pases demasiado tiempo con ellos porque, si lo haces, podrías lastimarte o pasar por momentos difíciles. Es mejor si dejas de interactuar con ellos en absoluto.

2. No te sientas mal por cortar lazos con la gente que te deprime

Si has entablado relaciones con personas negativas, debes cortar los lazos con ellas lo antes posible. No forjes una relación con alguien que siempre es negativo.

Debes encontrar personas que te edifiquen y no que te destruyan. Prioriza la construcción de relaciones con este último tipo de personas.

3. No discutas con una persona negativa

Si te involucras en una discusión con una persona negativa, no ganarás. Será como un drama de una película o algo así, y no querrás ver la erupción del Monte Vesubio frente a ti. En lugar de involucrarte, simplemente debes alejarte de la situación y volver con la persona cuando esté lista para hablar. Dale a esa persona algo de espacio para superar lo que sea que la esté enfermando.

4. Rodéate de personas positivas

Al rodearte de personas positivas, te sentirás más positivo y menos pesimista. Te sentirás bien al estar cerca de este tipo de personas. También experimentarás un resultado positivo.

5. Reemplace los pensamientos negativos por positivos

Es fácil para nosotros entrar en patrones de pensamientos negativos, que nos causan estrés y ansiedad. Tenemos que aprender a reemplazar los pensamientos negativos por positivos. No debemos dejarnos caer en un torbellino de pensamientos negativos.

Llena tu mente con pensamientos positivos. Experimente el asombroso poder del pensamiento positivo. Eso te afectará todo el día y te hará sentir mucho mejor como resultado. Por ejemplo, tal vez odias ir a trabajar los lunes y lo temes como la peste. En lugar de insistir en una situación potencialmente negativa, puedes decir: "Estoy emocionado de ir a trabajar hoy porque puedo tomar un café, hacer mi trabajo y pasar tiempo con mi colega favorito". Cuando puedas tener un pensamiento positivo, marcarás una gran diferencia en tu perspectiva general.

6. Detente cada vez que te veas a ti mismo cayendo en espiral hacia territorio negativo

Lo siguiente que debes hacer es darte cuenta cuando sientas que te estás deslizando hacia territorio negativo. Cuídate para no caer en el patrón de pensar en las cosas negativas de tu vida. Por ejemplo, es posible que te sientas deprimido porque miras las noticias todo el tiempo y ves que sucede el próximo desastre. Después de ver este tipo de eventos, tu mente cambia a una mentalidad pesimista y piensas que una situación desastrosa se avecina a la vuelta de la esquina.

7. No te quejes

. . .

Cada vez que te encuentres siempre quejándote de cualquier cosa que vaya mal, debes detenerte. Mantén el pensamiento y luego sigue con tu vida. No debes insistir en lo negativo y pensar en todas las cosas que están mal con tu vida.

La verdad del asunto es que quejarte no hará nada para beneficiar tu vida. Solo te derribará. Quejarte te aleja de las cosas que quieres.

8. No chismees con otros compañeros de la oficina

Muchos de nosotros chismeamos con otras personas. Es algo contagioso y, desafortunadamente, afecta los lugares de trabajo y las escuelas. No es útil para ti ni para nadie en tu vida. Debes evitarlo tanto como sea posible. El chisme puede derribar comunidades y puede resultar en desconfianza y muchas otras cosas.

9. No intentes leer la mente de los demás

Muchas veces, es posible que deseemos leer la mente de otras personas para saber lo que realmente piensan de nosotros. Sin embargo, también esperamos lo peor de sus pensamientos. Lo mejor es dejar de pensar que las personas que te rodean tienen algún tipo de malos sentimientos hacia ti. Esto solo traerá más estrés y ansiedad en tu vida. Además, deberías dejar de pensar negativamente. No se apresure a sacar conclusiones de inmediato; en cambio, debes mantener la calma y relajarte.

10. Deja de ver las noticias o tus redes sociales

Las noticias son una de las fuentes de información más deprimentes de nuestras vidas, pero parece que siempre consumimos mucha información de esta manera. Nos conectamos en línea y aprendemos sobre el último ataque en Somalia u otras cosas que están sucediendo en el mundo. Las malas noticias pueden hacer que nos preocupemos y tengamos malos sentimientos hacia las cosas, y eso afecta nuestra salud.

Haríamos bien si evitamos interactuar con medios que tienen consecuencias particularmente desastrosas para nuestra salud mental. Lo mismo podría decirse de las redes sociales, que anuncian noticias falsas, así como noticias que nos hacen sentir envidia de otras personas y desear lo que tienen. Estas fuentes de información parecen estresarnos más y hacer que nos preocupemos más. El mejor consejo es simplemente evitar pasar el rato en estos lugares. Deja de ver las noticias y de desplazarte interminablemente por tu fuente de noticias de tu muro, lo que solo te lleva a tu propia infelicidad e insatisfacción en la vida.

Mejor aún, simplemente deshazte de la red social. Desactiva tu cuenta y usa los mensajes solo para comunicarte con tus amigos.

6

¿Cómo Desarrollar La Confianza En Uno Mismo? Y ¿Cómo Desarrollar Los Hábitos De Las Personas Exitosas?

Muchas personas no nacen confiadas. Tu podrías ser uno de ellos. Afortunadamente, este valor se puede trabajar de varias maneras hasta cierto punto de perfección. Cuando se logre, la confianza mejorará inmensamente la calidad de tu vida.

Piensa positivamente

La realidad es lo que percibes. Si crees que te sientes seguro, entonces lo eres. Revive tus situaciones más felices. Pensar en positivo no es engañarte a ti mismo, sino tomar el control. No te permitas vivir de pensamientos negativos. Aprende a detenerte al darte cuenta de ello o encuentra una manera de reformularlos positivamente. No seas duro contigo mismo. Cuando piensas positivamente, también tiendes a tener más confianza contigo mismo de varias maneras.

. . .

Estar agradecidos

Cuanto más pienses y realmente afirmes que las cosas te están saliendo bien, más afirmarás que eres bueno en lo que haces y que tienes todo el respaldo contigo. Tienes la habilidad, el talento, la mentalidad, tus seres queridos y un futuro por el que luchar. Eso es todo lo que necesita para ponerse en marcha, y significa mucho.

Sonreír

Sonríe y serás más feliz. No esperes a ser feliz para sonreír. Sonríe y sé feliz. Sonríe y observa cómo bajan tus niveles de estrés y tu presión arterial. Una sonrisa es un muro de inmunidad contra la enfermedad y la negatividad. Sonríe y luce más atractivo. Sé feliz y construye tu confianza. Cuando todo depende de ti y haces que te veas bien, entonces no tienes por qué preocuparte.

Habla tú mismo

Dite a ti mismo cuán auténtico eres y tu brillantez no tiene paralelo porque existe por derecho propio. No le debes nada a nadie. Háblate a ti mismo en el espejo y anímate a salir por lo que debes conseguir, a pesar de todo y de todos. Habla de fuerza, habla de velocidad, habla de exactitud y precisión, y habla de resultados porque no mereces menos de lo que deseas en valores, acciones y retornos.

. . .

Vístete atentamente

Cuando crees que te ves bien para el evento, tienes más confianza en él y en ti mismo. Dúchate, vístete limpio y a propósito, ponte el desodorante y simplemente siéntete recogido y arreglado. La modestia es buena, pero la intención es grande y poderosa. Es un lenguaje codificado y decodificado con placer y medida de precisión.

Cuida tu postura

Mantén la barbilla en alto, los hombros hacia atrás y camina como si fueras el dueño del lugar. Ocupa suficiente espacio para ti. Mira sin pedir disculpas. Sé flexible, relajado pero estable y valiente. Luce confiado y que así sea.

Ejercítate

Ejercítate para verte mejor. Verte mejor te hace sentir mejor.

Además, trabajar te hará sentir más productivo, lleno de energía, además de añadir vigor y dimensión a tus movimientos y actividades. Hacer ejercicio te hace sentir que te contienes y eres más capaz de manejar lo que se te presente.

Usar color

En los humanos, el color tiene algo que ver con el estado de ánimo. Cuando te ves brillante, es probable que así sea como esperas que sucedan las cosas. Si usas un color opaco, bueno, ese es el tipo de recepción que también anticipa. El pequeño aumento de dinamismo podría ser todo lo que necesita tu confianza. Es posible que tu amigo o estilista te aconseja temprano sobre qué colores y detalles de la prenda elegir durante eventos específicos.

Habla con todos y felicítalos cuando corresponda

Al contrario, puedes pensar. Cuando entiendas a las personas, sabrás cómo comportarte con seguridad alrededor de ellas.

Simplemente, habla con todos, aunque sea por unos segundos.

La gente es amistosa y no tratará de atraparte o juzgarte por tus declaraciones. Más bien los beneficios son mutuos. A las personas les gusta que se les acerquen para conversar y aprecian cuando rompes el hielo por ellas. Y eso es un plus para ti.

DESARROLLA LOS HÁBITOS DE LAS PERSONAS EXITOSAS

La vida que vives hoy es aportada por los hábitos que tienes.

Los hábitos son el resultado de todo el éxito que has logrado.

Por ejemplo, tu salud, estado de ánimo y logros han sido exitosos debido a los hábitos. Las actividades en las que participas dan forma a tu vida. Si, por ejemplo, te involucras continuamente en malos hábitos, los malos hábitos destruirán tu vida. Si decides implementar buenos hábitos, esto puede cambiar tu vida para siempre. Depende de uno si elige cambiar su vida, entonces harás los cambios en los comportamientos no beneficiosos y los reemplazarás con lo que lo beneficiarán en términos de comportamientos. No desprecies los pequeños cambios que pueden ocurrir porque hacen una gran diferencia en la vida de alguien.

Establecer buenos hábitos y comportamientos requiere tiempo para implementarse; no es algo que sucederá en segundos. Existen métodos que pueden ayudarte a implementar los comportamientos deseados. El siguiente método se puede utilizar para ayudar a construir nuevos hábitos:

Establecer un disparador

. . .

Esto es tener intenciones de cambiar los hábitos y aumentar la probabilidad de formar un nuevo hábito e implementarlo. Por ejemplo, si estás acostumbrado a comer chocolates todos los días, entonces puedes cambiar ese hábito diciéndote esto a ti mismo, que cuando tengas ganas de comer chocolate, entonces come el refrigerio de vegetales primero y luego el chocolate tarde. Estarás construyendo tus hábitos reemplazando los malos con el buen hábito. Para que los nuevos hábitos sobrevivan, necesitarás repetirlos para que se adhieran a tu mente.

A continuación, se muestra la lista de buenos hábitos que las personas pueden elegir y, si los implementan, transformarán sus hábitos y su vida por completo.

Levantarse temprano

Levantarse temprano aumentará la productividad porque contribuye en gran medida al logro de las metas, pero también trae equilibrio en sus vidas. Solo te levantarás temprano si has dormido lo suficiente. Esto se puede lograr si te acuestas temprano o a una hora razonable y te levantas temprano. Disfrutarás de la vida y verás los beneficios de mayores concentraciones. Te concentrarás si has dormido lo suficiente.

Prepárate para aprender

. . .

Sé esa persona que tendrá curiosidad por saber algo y, sobre todo, estarás dispuesto a aprender esa cosa en particular. Si esto continúa, entonces serás una gran persona más temprano que tarde. Desarrollar el hábito de explorar nuevos hábitos y fortalecer los conocimientos existentes puede traer una gran mejora en tu vida. Lo que se necesita para lograr todo esto es el impulso de estar listo para aprender, y estarás impulsando tu curva de aprendizaje. Hacer esto no te tomará mucho tiempo si estás más que dispuesto.

Estableciendo prioridades

Tienes varias tareas y estás tratando de abordarlas al mismo tiempo, ¿lograrás manejar todas las tareas? La respuesta es no, y debes priorizar la responsabilidad. Prueba a ver cuál hay que hacer con urgencia. También es bueno priorizar tus actividades de ocio y tus objetivos. Por ejemplo, mirar televisión tiene menos prioridad que realizar tareas que contribuirán a tu objetivo. No priorices las cosas que no contribuyen a tus objetivos. Si no agregan valor a tu vida y objetivo, exclúyelos de tus prioridades.

Tener resiliencia

Esto será de gran ayuda si te ves afectado por un desastre, fácilmente da un paso al frente y trata de reorganizar las cosas antes de perderlo todo. Habrás construido tu mente de una manera que se las arreglará fácilmente y encontrarás una solución al problema que encuentres. La única manera de fortalecer la resiliencia es mintiendo en tus habilidades. Ante las tribulaciones, no te rindas, pero debes seguir adelante. Sal de un problema reorganizando las cosas una por una.

Motivarte a ti mismo

Si tienes el hábito de motivarte cada vez que logras algo, ese hábito será parte de ti para siempre. Este hábito lo inculcarás tú mismo. Nadie más puede encender ese hábito en tu propia vida. La gente puede tratar de motivarte, pero con el tiempo, te darás cuenta de que se cansaron en el camino. Puedes buscar formas efectivas de motivar. Sigue practicándolo cada día para que mantengas el fuego encendido.

Ser positivo

La forma de pensar puede construir o destruir tu vida, si eres esa persona que siempre pensarás en el fracaso, entonces sucederá. Encontrarás que en todo lo que intentas hacer, el fracaso se convierte en parte del éxito. Tener un pensamiento positivo actuará como combustible para tu problema. No importa lo difícil que pueda ser encontrar una solución a tu problema, pero si eres positivo, encontrarás fácilmente una solución al desafío. Ser positivo tiene un impacto en tu vida y tu salud. Te ayudará a vivir una vida sin estrés en absoluto.

Tener una visión

. . .

¿Eres esa persona que se ve a sí misma o teniendo éxito de una forma u otra? Si te visualizas a ti mismo, entonces puede dar resultados positivos. Al tener una visión positiva, entonces el cerebro te ayudará a buscar los pasos que darás para que puedas lograrlo. La razón principal por la que la visualización es importante es que se usará la mente, y es difícil para la mente diferenciar la realidad de lo que te has propuesto lograr.

Establecer metas

¿Tienes metas en la vida? Una vida sin una meta es como ir de excursión sin un mapa. Estarás deambulando por el bosque, pero no tendrás la ruta correcta para salir del bosque. El mismo caso en la vida, sin metas establecidas, luego sin dirección en la vida.

Estarás deambulando haciendo otras cosas, pero, al final, no aportará valor a tu vida, pero una meta te da dirección, te da el enfoque necesario para superar los obstáculos necesarios en la vida. Puedes hacer esto escribiendo tus objetivos y luego adquieras el hábito de volver a leerlos todos los días.

Tener margen de mejora

Llega un punto de la vida en el que abandonas el viejo estilo y creas espacio para algo nuevo. La regla no solo nos limita a las viejas formas sino algo que traerá una diferencia a nuestros logros. Tienes que traer logros positivos. Al hacer eso, estás creando un espacio para mejorar y dejar ir las cosas que no agregan valor.

Tomar y cumplir las decisiones

Las decisiones que tomas pueden construir o destruir. Ojo a la hora de decidir porque en el momento en que se hacen, no hay marcha atrás. Si planeas cambiar la decisión, puede costarte muchas cosas. Tu éxito depende en gran medida de la decisión que tomes. Algunas otras personas pasan más tiempo pensando demasiado en un problema. Al hacer eso, estarán perdiendo el tiempo en un problema. La gente no quiere tomar la decisión equivocada; esa es la razón por la que tomarán mucho tiempo antes de hacer uno. No saben que decidir si está bien o mal es mucho mejor que no hacerlo. En vez de perder el tiempo ya estás ahí, marcando tu plan y remarcando.

Actúa sobre lo que tienes en ese momento en particular y solo harás ajustes a medida que avanza en lugar de dejar que la indecisión mate tu productividad.

Meditación

Si deseas cambiar muchos aspectos de tu vida, debes comenzar a meditar sobre lo que planeas cambiar. Este hábito no ha sido valorado por muchos, y la razón es que lo ven como un hábito inútil que no puede ayudar. En el sentido real, este es el hábito en el que alivia el estrés y, al mismo tiempo, reducirá la depresión.

Aquellos que temen pensar, entonces este puede ser el mejor hábito para ellos.

Hacer ejercicio físico

Cuando tienes actividades regulares, entonces estás en el camino correcto para vivir una vida saludable. El ejercicio regular mejora tu salud mental. Al hacer ejercicios regulares, también aumentarás tu energía y tu estado de ánimo. Una vez que lo tienes, tiene un hábito, y entonces nunca tendrás la tentación de empujarlo para el día siguiente.

Tener pequeños descansos en la vida

Estamos tan ocupados con la vida que nos olvidamos de disfrutar los pequeños descansos que tenemos. Hoy en día pasamos más tiempo en las redes sociales olvidando que nos está privando de los tiempos de ocio. Tenemos muchas distracciones, pero si podemos hacer tiempo para tomar un descanso, se convertirá en un hábito. En tu descanso, recuéstate, relájate y no hagas nada que deba tomar un par de minutos. Los pequeños descansos son efectivos porque, después del descanso, te sentirás renovado.

. . .

Hacer nuevos amigos

Cuando te conviertes en un hábito conocer a alguien nuevo todos los días, puedes refrescar tu mente. Terminarás teniendo una discusión diferente a la que tuvo el día anterior. Las diferentes personas que conocerás te desafiarán de diferentes maneras. A partir de eso, serás construido en todos los aspectos. Lo que es más importante de todo es que puedes conocer al tipo adecuado de personas que compartirán sus historias de vida privada y también sus historias profesionales. Esas personas pueden ser una bendición para ti.

Aprende de aquellos que lo han logrado

Cuando te encuentres con gente nueva, podrás aprender cosas nuevas de ellos. Puede ser difícil reunirse con expertos en un campo en particular. Pero encontrarás que algunos han escrito libros, otros tienen blog o documentaciones. Conocer la vida de estos expertos actuará como inspiración de tu lado.

Llegas a saber cómo lograron en la vida, y esto te motivará a hacer más de lo que lograron.

Escuchando a otros

. . .

Es genial cuando la gente presta atención cuando hablas, es una señal de respeto y significa que estás siguiendo lo que dices. Pero hoy en día, ¿qué ha pasado con nuestras conversaciones? Tenemos personas a las que les gusta dominar en una conversación. En ese momento en particular, encontrarás que aquellos que estaban escuchando ahora están pensando en cómo tendrán la oportunidad de transmitir también cualquier idea que puedan tener. Debemos estar listos para escuchar a los demás porque al hacerlo, estaremos mejorando la relación.

También nos ayuda a ser mejores negociadores.

En conclusión, puede ser difícil tener nuevos hábitos.

Tendrás muchos desafíos en ese viaje a medida que intentes obtener nuevos hábitos. En algún momento de la vida, encontrará que los viejos hábitos seguirán apareciendo. Esa no debería ser la razón para rendirse debido a los desafíos. Debes ser paciente y mantener el nuevo comportamiento que has adquirido durante más tiempo. Después de eso, cruzarás la línea, y el nuevo hábito será parte de ti, y lo adoptarás automáticamente.

7

¿Por Qué Y Cómo Detener La Procrastinación En Tu Vida?

Cuando se habla de procrastinación, todo el mundo puede relacionarse con ella porque no hay nadie que pueda negarla. Al menos, una o dos veces en tu vida, la procrastinación habría desempeñado su papel. Cada vez que no cumples con los plazos, el nivel de ansiedad se eleva por encima de tu cabeza y te ves obligado a completar el proyecto lo antes posible. Pero en el fondo, sabes que es imposible completarlo porque hay mucho por hacer. ¡Sin embargo, inténtalo! La procrastinación hará que tu vida sea miserable, así que trata de no convertirlo en un hábito.

Algunas personas quieren dejar de procrastinar, pero no pueden porque no saben cómo hacerlo. O, a veces, es posible que les falte la motivación que necesitan. Y puede ser frustrante, lo sé. Debes entender el hecho de que los factores de postergación difieren de un individuo a otro:

. . .

Las siguientes son prácticas que lo ayudarán a vencer la procrastinación incluso si te sientes perezoso o desmotivado:

Encuentra soluciones a posibles emergencias

La procrastinación no es simplemente un mal hábito; más bien es peligroso. Tendrá un gran impacto en tu salud. Algunas veces, incluso podrías perder los grandes lazos que compartías con los miembros de tu familia. Incluso podrían llegar a un punto en el que asuman que ya no te importa. Habrá situaciones en la vida en las que tendrás que lidiar con prioridades inesperadas como la muerte, la enfermedad y mucho más.

Tales situaciones no pueden esperar porque tendrás que abordarlas de inmediato. En tal caso, tendrías que abandonar todas las tareas programadas. Otras veces, los grandes eventos familiares pueden convertirse en situaciones terribles, y no puedes evitarlos y volver a tu trabajo. Las emergencias no vienen con una advertencia, por lo que hay que aguantar los obstáculos que crean. ¿Cómo puedes evitar emergencias? ¿Vas a parar todo y abordar el problema? O si ya has retrasado el trabajo y luego surge algo urgente, ¿cómo piensas manejarlo? ¿Qué podría pasar cuando ignoras las emergencias?

Para manejar emergencias, debes tener una idea clara del tipo de emergencias con las que estás lidiando. Puedes pensar en las consecuencias de evitar la emergencia. O piensa en las personas que están relacionadas con la emergencia, ¿cómo se sentirán si la ignoras?

¿Cuáles son las acciones que puedes tomar para resolver este problema repentino para que puedas volver al trabajo? ¿O puedes posponer el tema de la emergencia porque no pone en peligro la vida?

Antes de profundizar más, déjame decirte. Si estás trabajando tan duro que ni siquiera tienes tiempo para tu familia, significa que estás perdiendo muchas cosas buenas de la vida, hay una falta de equilibrio. No estás viviendo tu vida: aquí entra en escena el concepto de trabajo inteligente.

Realiza evaluaciones diarias

Otra excelente manera de evitar la procrastinación es a través de evaluaciones diarias. Si al ubicar diez minutos de tu día, puedes evaluar cómo van las cosas. Cuando estés haciendo la evaluación, podrás encontrar las prioridades de tu día. Luego, puedes analizar las tareas que tendrán un gran impacto en tus objetivos a corto plazo. Para simplificar esta sesión de evaluación, considera llevar a cabo un formato de preguntas y respuestas. ¿Cuáles son las reuniones programadas a las que debes asistir? ¿Hay algún correo electrónico que debas responder hoy? ¿Hay algún documento que deba editarse hoy? ¿Hay alguna cita que tomará más tiempo del asignado? ¿Cuáles son las tareas que requieren más atención?

. . .

Del mismo modo, debes hacer una sesión de preguntas y respuestas para conocer el diseño del día. Pero no tienes que apegarte a las preguntas que acabo de hacer. En su lugar, puedes preparar tus propias preguntas y respuestas y seguirlas. Si realizas esta evaluación diaria, podrás comprender el diseño del día. Cuando tengas tu diseño, podrás permanecer en la pista. Tendrás un conocimiento adecuado de las tareas que necesitan más tiempo o una respuesta rápida. Por lo tanto, no procrastinarás porque eres consciente de que afectará negativamente a tus objetivos.

MIT's (Most Important Tasks) o las tareas más importantes

Es difícil vencer la procrastinación si comienzas el día con una lista de cosas por hacer repleta de tareas. Debes tener una lista de tareas simplificada si deseas hacer las cosas a tiempo y correctamente. ¿Cómo puedes simplificar tu lista de cosas por hacer? Es bastante simple si te enfocas en las tareas más importantes del MIT. Tienes que conformarte con las tareas que tendrán un impacto considerable en tus objetivos a largo plazo.

Esto es recomendado por muchos expertos que se enfocan en la productividad.

Mis consejos son seleccionar las tres tareas más importantes que necesitan ser manejadas al final del día. Es mejor elegir dos tareas importantes que tengan plazos ajustados y otra que impactará en tu objetivo profesional a largo plazo. Si mantienes un ojo en el concepto del MIT, podrás frenar la procrastinación. Una vez que completes las dos actividades más importantes, estarás interesado en hacer las otras actividades al final del día. Y esa motivación es muy necesaria si quieres tener éxito en vencer la procrastinación.

La matriz de Eisenhower

Si deseas tomar una decisión rápida, necesitas el apoyo de Eisenhower Matrix. El fundador de este concepto, Dwight Davis Eisenhower, era un general del ejército. Fue la razón por la que se inventó este concepto. No siempre es posible trabajar de acuerdo con el plan cuando estás en un ejército. Habrá cambios repentinos e importantes. En tal caso, el concepto de matriz de Eisenhower fue la pauta.

Si Eisenhower utilizó esto en el ejército, ¡no hay ninguna razón por la que no podamos utilizarlo en nuestras vidas para evitar la procrastinación! Cuando se trata de este concepto, no debes olvidarte de los cuatro cuadrantes relacionados con él. Al concentrarte en los cuatro cuadrantes, podrás abordar tus tareas diarias en consecuencia. Permítanme mencionar los cuatro cuadrantes en detalle:

Cuadrante 1: Urgente es lo más importante

Estas son las tareas que deben completarse primero porque son mucho más importantes que cualquier otra tarea y tienen que ver directamente con tus objetivos profesionales.

Además, debes completar las tareas de inmediato porque son urgentes.

Si completas estas tareas, podrás evitar consecuencias negativas. Una vez que completes tus tareas Q1, podrás concentrarte en otras tareas.

Por ejemplo, si tienes que presentar un proyecto al final del día, debes prestarle toda tu atención porque es urgente e importante.

Cuadrante 2: Importante pero no urgente

Las tareas del segundo cuadrante son importantes, pero no urgentes. A pesar de que pueden tener un gran impacto, no son tan sensibles al tiempo como Q1. Compara Q2 con Q1 y luego comprenderás claramente la diferencia. Por lo general, las tareas del segundo trimestre incluirán las que tienen un gran impacto en tu carrera a largo plazo o en tus objetivos de vida. Sí, necesitas dedicar más tiempo y atención a estas tareas.

Pero rara vez lo hace porque tu mente sabe que las tareas en Q2 pueden esperar.

Cuadrante 3: Urgente pero no importante

Las tareas del tercer cuadrante son urgentes, pero no es necesario que dedica tu tiempo a ellas. Puedes automatizar o delegar tareas a alguien que pueda manejar el trabajo. Estas tareas no son tan importantes, por lo que está bien delegarlas.

Estas tareas a menudo provienen de un tercero y las tareas de Q3 no tendrán una influencia directa en tus objetivos profesionales. Pero cuando manejas tareas del tercer cuadrante, debes anotar las tareas que delegas.

Por ejemplo, si estás trabajando en un proyecto urgente y suena el teléfono, es posible que te distraigas al contestar. O, a veces, puede que ni siquiera sea una llamada importante. Para tales actividades, puedes asignar a alguien. Incluso si se trata de una llamada urgente, aún puedes asignarla a una persona que puedas atenderla. ¡A través de esto, podrás administrar tu día!

Cuadrante 4: No importante y no urgente

Las tareas bajo Q4 incluyen las tareas que deben evitarse. Estas tareas te hacen perder el tiempo innecesariamente. Si no dedicas NINGÚN tiempo a las tareas del cuarto trimestre, podrás dedicar más tiempo a las tareas del segundo trimestre.

A estas alturas ya sabrás en qué consisten las tareas del cuarto trimestre. De todos modos, son actividades como mirar televisión, navegar por Internet, jugar y mucho más.

Entonces, ¿deberías eliminar Q4? ¡Bueno, no deberías! Si no tienes un estilo de vida equilibrado, es posible que incluso tengas dificultades para proteger tu trabajo. Las tareas en Q4 te ayudarán cada vez que tomes un descanso de 5 minutos o cuando quieras alejarte del trabajo. Estas tareas ni siquiera deberían estar en tu mente cuando intentas ser productivo.

Para aplicar la Matriz de Eisenhower a tu vida, comienza dibujando una tabla en una hoja de papel o en tu diario. Luego, divide la tabla en cuatro columnas y siete filas. Divide las filas según los días y suma los cuadrantes a las columnas. Cuando tu mesa esté lista, analiza tu semana.

Pero no escribas nada todavía. Antes de comenzar el día, piensa, analiza nuevamente y asigna las tareas según la matriz. Si surge algo más, debes tomarte un tiempo para analizar la naturaleza de la tarea y luego clasificarla en el cuadrante correcto.

5. Hazlo rápido

A veces te encuentras con tareas que no requieren mucho tiempo, ni siquiera cinco minutos, pero las retrasas. Por ejemplo, limpiar después de cenar, enviar un correo electrónico o incluso ponerse el pijama (esto es pereza). Aunque estas tareas no toman mucho tiempo, no las haces porque te consideras demasiado ocupado.

. . .

Tu forma de ignorar las tareas rápidas o menores es decirte a ti mismo que tienes mucho qué hacer. Pero el problema es que cada vez que retrasas tareas menores, se acumulan y es posible que tengas que lidiar con tareas enormes al final. Si no actúas de inmediato, tendrás mucho que hacer cuando te tomes días libres. Además, si completas las tareas menores rápidamente, podrás evitar que se acumulen en tareas más grandes. Hay dos prácticas que debes considerar si deseas realizar tareas menores.

La regla de los dos minutos es una de las prácticas que debes seguir. Si tú piensas que la tarea solo tomará dos minutos o menos, puedes hacerla en lugar de posponerla, ¿no? Entonces, cada vez que te encuentres con tareas menores, piensa si te llevará más tiempo terminarlas.

Si no lo hacen, ¿por qué no hacerlo? Además, si sigues este hábito en todo momento, sentirás que estás eliminando mucha negatividad y tendrás más tiempo para dedicarlo a tareas importantes. Además, sentirás que estás más organizado y que has logrado más que antes.

8

Maneras De Evitar La Fatiga De La Decisión Y Desafiando Tus Pensamientos

En promedio, tomamos 35,000 decisiones conscientes o inconscientes todos los días. La mayoría de las decisiones no necesitan tu participación activa. Sin embargo, incluso algunas decisiones simples pueden costarte mucho tiempo y causarte estrés. Un rápido vistazo a una venta en línea puede costarte una hora. Elegir el desayuno puede ser difícil para algunas personas. Dormir o salir a caminar puede ser un dilema agobiante. Estas decisiones pueden causar fatiga de decisión.

Pueden hacerte sentir exhausto, agotado o apático.

La mejor manera de evitar enfrentarse a la fatiga de la decisión es seguir unos sencillos pasos:

Construye hábitos en tu horario

Incluir hábitos en tu horario es la mejor manera de evitar tales puntos de toma de decisiones. Si tienes un horario fijo que sigues, entonces esas preocupaciones no aumentarán. Fija un tiempo para las actividades diarias. Seguir un horario te mantiene alerta y te hace más eficiente. También elimina las posibilidades de procrastinación de tu vida.

Se firme

El dilema de elegir lo mejor o no puede ser complicado. Sin embargo, la mayoría de las veces es un debate sin fundamento.

Si hay un producto, está hecho para el consumo de alguien. No busques las mejores cualidades en los productos, busca las cualidades que deseas y una vez que las encuentres, aférrate a tu decisión. Las personas indecisas irradian mucha negatividad.

Haz de la alegría y la felicidad el parámetro de tus decisiones

El parámetro decisivo final de la mayoría de las cosas debería ser la cantidad de alegría que traería en la vida. Todos tenemos esto como el objetivo final detrás de todas nuestras decisiones.

. . .

Sin embargo, la mayor parte de esto está escondido detrás de los ciclistas. Si compro un televisor más grande que el de Eduardo, tendrías una ventaja y eso me haría feliz.

Este es un proceso de mala decisión. Eduardo puede comprar un televisor aún más grande en cualquier momento y entonces mí mismo televisor empezaría a hacerme sentir miserable.

Si vas a comprar un televisor, entonces la única pregunta correcta es el tipo de televisor que te haría realmente feliz. El tipo de experiencia visual que desearías. La cantidad de claridad que estás buscando. El tamaño que encajaría en tu pared y se adaptaría al tamaño de la habitación. Tu alegría y felicidad deben estar directamente detrás de tus decisiones y no una agenda oculta. Te quitaría la fatiga de decisión.

Elige un modelo a seguir

Seguir un modelo a seguir siempre es fácil cuando se están eligiendo tales hábitos. Hace que tus elecciones sean simples. Si tienes un modelo a seguir, ponlo en su lugar para una toma de decisiones fácil y sin estrés. Imitar tus decisiones te absolverá de toda responsabilidad y cansancio. El objetivo final de la práctica es garantizar que tenga que tomar un número menor de decisiones de este tipo a diario.

No tienes que perder tu identidad. Es solo para tomar decisiones que no tienen efecto en el curso de tu vida. De hecho, el fácil proceso de toma de decisiones le libera mucho tiempo. Estarás en una mejor posición para reflexionar sobre los problemas más grandes de una manera relajada.

Aprende a decir "no"

Ser resuelto es muy importante para el éxito de cualquier ejercicio de este tipo. A pesar de tus esfuerzos, habrá ocasiones en las que te encontrarás en una encrucijada. Tendrás que aprender a tomar una decisión con firmeza e ir con ella. Puede que no tengas la claridad, pero si sigues luchando con la idea, te provocará estrés. Aprende a vivir de acuerdo a tus decisiones.

Algunos hábitos simples para ahorrar estrés

Comer alimentos similares

La comida es una elección importante que hacemos todos los días. Tienes varias comidas al día. Si comienzas a pasar 10-15 minutos antes de cada comida para decidir el menú, te estás haciendo un gran perjuicio a ti mismo ya la humanidad. Solo son útiles para la industria productora de alimentos. La mejor manera de acelerar el proceso, o simplificarlo, es planificar con anticipación la semana o el mes o comer alimentos similares todos los días. Puede tener variaciones mínimas, pero atenerse al mismo guión. Esto ahorrará mucho tiempo y esfuerzo.

. . .

Tener un armario más pequeño

Recorta tu guardarropa tanto como sea posible.

Cuanto menor sea el número de opciones de ropa que tengas, menos tardarás en prepararte. Ahorrarás tiempo y no tendrás que reflexionar sobre tu armadura brillante todos los días. La elección limitada de ropa es una estrategia adoptada por algunas de las personas más exitosas del mundo.

Seguir rutinas diarias

Sigue las rutinas diarias como un reloj. Si eres indulgente con tus rutinas, te estás engañando a ti mismo. Apégate a las rutinas ya que ayudan en la formación de hábitos rígidos. Mira a las personas que se jubilan del servicio militar. Necesitan entrenar todos los días por la mañana durante unas dos décadas. Es una compulsión al principio. Pero les resulta difícil evitar el hábito incluso después de jubilarse. La rutina se convierte en parte de su vida. Los mantiene en forma y funcionando.

Ten esquinas fijas en tu horario

No te comprometas con el tiempo de actividades separadas.

. . .

Todo tiene una importancia definida en la vida. Si has designado una hora específica del día para una actividad, no intentes encajar la otra en ella. Este ajuste entrena tu mente para hacer un compromiso. También tienes que tomar una decisión innecesaria. Evítala estrictamente en todas las circunstancias.

Si algo te hace sentir ansioso, déjalo

No hagas cosas que te causen estrés. La vida moderna nos obliga a hacer varias cosas bajo la presión de los compañeros.

Esto es agotador y poco inspirador. Si no te gusta nada, aprende a alejarte de ello. Causará niveles innecesarios de estrés y ansiedad que había estado tratando de evitar en primer lugar.

No caigas en la trampa del problema de elección

Los economistas dicen que el mayor problema de este mundo no es la pobreza ni el hambre; es el problema de la elección.

Rico o pobre, hombre o mujer, sano o enfermo, todos tenemos que enfrentar este problema. Tenemos que tomar numerosas decisiones a diario. Algunas decisiones te hacen sentir liberado y otras te aplastan. La industria del marketing ha perfeccionado el arte de utilizar el problema de la elección a tu favor. Te ponen en la trampa de elegir entre mejor y peor, pequeño y grande, barato y costoso, brillante o aburrido, liviano o pesado y, en el proceso, terminas tomando decisiones que ni siquiera eran necesarias. Mantén tus elecciones simples si deseas permanecer feliz y libre de estrés durante toda tu vida.

DESAFIAR TUS PENSAMIENTOS

Para dejar de pensar demasiado, primero debes volver a entrenar tu cerebro. Afortunadamente, hay muchos ejercicios y actividades que puedes utilizar para remodelar tu forma de pensar.

Ahora que sabes un poco acerca de pensar demasiado, y también sabes cuándo estás a punto de caer en ese torbellino profundo de infinitas emociones negativas, puedes comenzar a deshacerte de él por completo y puedes comenzar desafiando tus pensamientos antes de que se vuelvan locos y se salgan de control.

Antes de que empieces

Estas son algunas de las cosas que necesitas saber antes de comenzar a desafiar tus pensamientos negativos para que no te sorprendas ni te sientas demasiado abrumado con todo lo que está sucediendo.

1. Debes saber que desafiar tus pensamientos puede parecer poco natural, a veces incluso forzado al principio. Pero con un poco de práctica, comenzará a sentirse natural y creíble.

2. Para aumentar tu confianza en los desafíos de pensamiento, debes practicarlos con pensamientos que no sean tan molestos y que proporcionen un poco más de flexibilidad. También es una buena idea practicar esta técnica cuando todavía te sientas un poco neutral y no demasiado abrumado por tus pensamientos.
    Tratar de practicar el desafío del pensamiento después de un día particularmente duro y problemático sería pedir demasiado de ti mismo.

3. Las primeras veces que lo intentó pensó que sería mejor si tomaba nota de sus respuestas. A menudo, cuando los principiantes intentan hacerlo mentalmente, terminan con sus pensamientos dando vueltas en círculos, lo que hace que sus pensamientos sean aún más intensos y pueden hacer que se vuelvan locos y piensen demasiado.

4. Otro beneficio de tomar notas es que, si surge un pensamiento similar en el futuro, puedes consultar tus notas y averiguar cómo reaccionaste ante él.

. . .

5. Puedes practicar con un familiar o un amigo que sepas que no te juzgará. Practicar con otra persona puede ayudarte a arrojar luz sobre los puntos ciegos de tu pensamiento, o puedes ofrecerle diferentes puntos de vista que podrían resultar útiles.

6. Cuando estés practicando por primera vez el desafío del pensamiento, debes concentrarte en un solo pensamiento en lugar de una serie de ellos al principio del juego. Por ejemplo, en lugar de pensar "Es bastante obvio que mis jefes pensaron que arruiné el proyecto" debes dividir tus pensamientos en oraciones más pequeñas y simples, y luego desafiar estos pensamientos uno por uno. Sólo te confundirás si comienzas a desafiar un montón de pensamientos al mismo tiempo.

7. Haz algo que te distraiga una vez que termines de trabajar con un par de preguntas desafiantes. Esto te dará algo de tiempo para que tu mente se calme.

Ahora que sabes lo que debes esperar, estos son algunos de los ejercicios más populares para desafiar el pensamiento que puedes probar ahora.

Da un paso atrás y evalúa la situación.

Este es un escenario que podrías haber experimentado: sientes como si tu jefe te estuviera ignorando constante e intencionalmente. Piensas que la razón por la que tu jefe no te saludó esta mañana es porque de alguna manera estropeaste algo y está contemplando despedirte muy pronto. Por lo general, este tipo de pensamiento hará que tu mente piense demasiado y te haga perder el sueño, lo que hará que no seas tan eficiente en el trabajo, lo que por lo tanto te llevará a ser despedido; en resumen, pensar demasiado en los problemas los convierte en profecías autocumplidas.

Por otro lado, si das un paso atrás y analizas tus pensamientos antes de que tu hiperactivo cerebro explote fuera de proporción, puedes controlarlo mejor. A continuación, piensa en lo que podrías hacer para no ser despedido, como aumentar tu productividad o tal vez aprender una nueva habilidad que pueda ayudarte a hacer mejor tu trabajo.

En solo un par de minutos, has descarrilado tu tren de pensamientos negativos antes de que tengas la oportunidad de ganar impulso.

Escríbelos todos

Otra forma de desafiar tus pensamientos negativos antes de que te hagan pensar demasiado es escribirlos en una hoja de papel. Cuando escribes las cosas que te molestan, les das una forma algo tangible, lo que en realidad te ayuda a volver a analizarlas de una manera más racional. Si deseas llevar esto al siguiente nivel, puedes comenzar a hacer un diario de pensamientos.

¿Qué es un diario de pensamientos?

Un diario de pensamientos es diferente de la forma tradicional de llevar un diario, tiene una estructura que debes seguir para que el análisis de tus pensamientos sea mucho más fácil. Por ejemplo, en un diario de pensamientos, no comienzas una entrada con un "Querido diario" o cualquier forma de este, las entradas se parecen más a un libro de contabilidad en todo caso.

Haces un diario de pensamientos haciendo un par de columnas en la página y luego las titulas de la siguiente manera:

Antecedente - Estas son las cosas que te provocaron durante el día.

Creencias - Estos son tus pensamientos acerca de las cosas que enumeraste en la primera columna.

Consecuencias - Estas son las cosas que sucedieron a causa de tus pensamientos.

Esta es la razón por la cual un diario de pensamiento se llama Diario ABC.

. . .

Aquí hay un ejemplo de cómo escribes una entrada en tu diario de pensamientos. De repente empiezas a preocuparte porque tienes una factura pendiente que tienes que pagar, esta es tu consecuencia. En la segunda columna, escribes que estabas preocupado porque es posible que no puedas cumplir con la fecha de entrega.

Después de un tiempo de escribir en tu diario de pensamientos, puedes comenzar a notar que los desencadenantes generalmente no están relacionados con los pensamientos que lo preocuparon. Los pensamientos simplemente ocurren, y los desencadenantes que los hicieron surgir podrían estar relacionados con ellos; los pensamientos son volubles de esa manera.

En la columna de la consecuencia, podrías escribir algo como:

"Tomé una aspirina para deshacerme del dolor de cabeza que sentí que se avecinaba".

Todos los domingos por la noche podrías evaluar tus entradas y luego pensar en las cosas que podrías haber hecho mejor. Por ejemplo, para el ejemplo anterior, en lugar de tomar una aspirina, podrías haber caminado por el parque para aclarar tu mente, o al menos podrías haber comido una manzana o algo así para que tu dolor de cabeza no empeore. O puedes llamar a tu compañía de servicios públicos e informarles que es posible que se retrase un poco en el pago, pero que pagará, y preguntarles si es posible que no apliquen los cargos por demora. Tu diario de pensamientos te ayudará a dar sentido a tus pensamientos confusos al colocarlos en papel para que los analices fácilmente. Esta herramienta puede ayudarte a comprender tus habilidades de afrontamiento menos que ideales y por qué terminas tomando decisiones que conducen a consecuencias que en realidad no son las mejores para ti. Con la ayuda de un diario de pensamientos, puedes cambiar tus consecuencias futuras al reafirmar y volver a analizar tus pensamientos pasados y hacer los ajustes necesarios.

Beneficios de un diario de pensamientos

Escribir en un diario/diario de pensamientos te ayuda a identificar las cosas que te hacen pensar demasiado. Cuando escriba sus pensamientos, verás fácilmente si en realidad son preocupaciones legítimas o si son simplemente irracionales.

Los diarios de pensamientos le ayudan a recordar cómo te comportaste durante el tiempo en que se te provocó pensar demasiado y, con el tiempo, comenzarás a notar los patrones en tu forma de pensar.

Cuando reconozcas tus patrones de pensamiento existentes, te será posible cambiar no solo tu comportamiento sino también tus pensamientos. Cuando notas que los malos pensamientos comienzan a aparecer, puedes practicar la atención plena y simplemente observarlos y reconocerlos para que desaparezcan. En realidad, no es necesario que te comportes de acuerdo con tus pensamientos, puedes ignorarlos y continuar viviendo tu propia vida. Es mucho mejor escribir "Ignoré el pensamiento de..." en lugar de "Fui al pub y bebí unas pintas para olvidarme", y si notas que estás haciendo básicamente lo mismo casi todos los días entonces tu diario de pensamientos está realmente funcionando.

Acostúmbrate a escribir un diario de pensamientos

Puedes usar un cuaderno pequeño, una pila de papeles, cualquier cosa en la que puedas escribir y mantener la confidencialidad. Nadie más aparte de ti y tu terapeuta (si está viendo uno) debe saber acerca de la existencia de este diario; nadie más debería tener acceso a tus pensamientos internos.

Si no deseas utilizar el método tradicional, también puedes utilizar tu teléfono inteligente o computadora portátil para crear un documento secreto.

Gradualmente, con el tiempo, comenzarás a notar cuándo comienzas a pensar demasiado y luego te detendrás de ir más allá.

. . .

Las emociones negativas, como las que hacen añicos tu confianza, por lo general pueden conducir a la depresión clínica, que te hace sentir irracionalmente solo, sin esperanza, y te destrozarán por dentro. Escribir te ayuda a deshacerte de tus pensamientos autodestructivos. Es un arte que puede ayudarte a compartir tus sentimientos más íntimos y tus pensamientos más profundos.

Escribir tus sentimientos en un papel es una forma de expresar libremente tus puntos de vista y opiniones sobre las cosas que sucedieron durante el día y el efecto que tuvieron en tu vida. No solo estás escribiendo palabras en un papel, estás eliminando efectivamente todos estos pensamientos negativos de tu mente, y con ellos se va toda la negatividad que venía con ellos.

Conseguir un pasatiempo

Siempre has querido aprender a tocar el piano, la guitarra, el ukelele o cualquier otro tipo de instrumento musical, ¿por qué no intentas aprender hoy? ¿Quieres ser bueno en dibujo, caligrafía o pintura? Asistir a clases o ver tutoriales en video en línea. También puedes jugar tus videojuegos favoritos durante una hora más o menos.

Tener un pasatiempo no solo te brinda una salida creativa, sino que también le brinda una forma de crear algo con tus manos, también te permite pensar individualmente y, lo que es más importante, los pasatiempos te brindan un escape de tus pensamientos negativos.

Cada vez que sientas que tus pensamientos comienzan a abrumarte, saca tu kit de pasatiempos y sumérgete en la actividad.

Piérdete en las habilidades, la coordinación, la concentración y la repetición que tu pasatiempo requiere que hagas. Concentra tu mente en la comodidad o el desafío que le brinda el pasatiempo que eligió, y permítete ahuyentar todas las preocupaciones que solían desencadenar tu pensamiento excesivo.

9

Desorden Mental

¿Qué es el desorden mental?

¿Qué te viene a la mente cuando escuchas hablar del desorden mental? ¿Visualizas un desorden físico que conoces? El desorden mental simplemente significa sobrecarga mental, estrés mental o fatiga mental. Esto es cualquier cosa que le provoque ansiedad, depresión, frustración, sensación de agobio e ira. Este desorden viene en forma de:

- Arrepentimientos por fracasos pasados y arrepentimiento por no hacer algunas cosas que deberías haber hecho.
- Demasiadas facturas por pagar y el aumento de deudas pendientes, así como proyectos pendientes.
- Preocupaciones e inseguridades.
- Auto juzgarse o tú crítico interior.
- Sentirte mal por no haber logrado algo.

¿Qué causa el desorden mental?

Preocuparse

Cuando nos encontramos con desafíos en nuestras actividades diarias, nuestro cerebro entra naturalmente en un estado de preocupación. Aunque es una reacción natural, siempre podemos controlarlo porque no resolverá ninguno de nuestros problemas. En cambio, preocuparte empeorará la situación. Preocuparte te quitará la tranquilidad y te estresará. Preocuparte es un desperdicio de energía.

Lo mejor que puedes hacer es dejar de preocuparte. Encuentra algo que hacer que desvíe tus pensamientos a algo mejor como salir a caminar, bailar, cocinar o cualquier cosa que te interese.

También puedes anotar aquellas cosas que te están robando la tranquilidad y escribir cómo las vas a solucionar.

Arrepentirse

¡Caramba! "¡Ojalá hubiera trabajado duro en la escuela, mi vida podría ser mejor!" Tales comentarios son comunes cuando se tiene una conversación con amigos o familiares.

¡Todos tenemos esas cosas que desearíamos haber hecho o no hecho en nuestras vidas! A veces nuestra mente puede concentrarse en esas cosas, pero no debemos permitirlo.

Enfocar tu mente en los arrepentimientos te robará tu felicidad y te causará fatiga mental y estrés. No puedes cambiar el pasado, así que pon tu energía en crear una mejor visión para tu vida.

Miedo

¡El miedo es enemigo del progreso! No debe permitir que el miedo le impida correr riesgos y perseguir sus sueños y disfrutar de la vida. ¿Sueñas con tener un negocio, pero tienes miedo de que no despegue si empiezas? Empiézalo de todos modos y silencia el miedo que tienes.

Culpa y vergüenza

Deberíamos asumir la responsabilidad de nuestras malas acciones y aprender algunas lecciones de ellas. Nunca te permitas ser prisionero de la culpa y la vergüenza porque te provocará resentimiento, odio hacia ti mismo, e incluso matará tu autoestima. La mejor manera de deshacerte de la culpa y la vergüenza es reconocer tu error, perdonarte y seguir adelante.

. . .

Esto te empoderará, te motivará a convertirte en una mejor persona, te hará valorarte a ti mismo. Nunca debes repetir el mismo error.

Tú crítico interior

¿Cómo te percibes a ti mismo? ¿Con frecuencia tienes un diálogo interno negativo que domina tu mente? El diálogo interno negativo limitará nuestro crecimiento mental y disminuirá nuestra confianza en nosotros mismos. Recuerda que tu cerebro creerá lo que le digas. Si constantemente te dices a ti mismo que no puedes hacerlo, tu cerebro actuará de acuerdo con esa creencia.

Debes aprender a rechazar el diálogo interno negativo y reemplazarlo con un diálogo positivo. Si el crítico interno te dice que no puedes hacerlo, entonces hazlo y silenciarás a ese crítico interno que está obstaculizando tu progreso en la vida. Háblate a ti mismo positivamente todos los días y verás cambios en la confianza y la estima mejorarán haciéndote sentir bien contigo mismo.

14 consejos para despejar el desorden mental

El desorden mental puede reducir en gran medida tu productividad porque perderás el enfoque y la concentración. Evalúa tu vida, identifica la fuente de tu desorden mental y trata de arreglarlo. Recuerda, el diseño del cerebro no te permite dividir tu atención en demasiadas direcciones. Esa es la razón por la que necesitas ser ordenado y pacífico para que puedas filtrar la información en el lugar correcto y actuar.

Para que tu mente esté en un buen estado, debes despejarla de cualquier desorden. Debes organizar tus pensamientos, preocupaciones y tareas para que tu mente pueda tener un lugar para concentrarte y actuar en consecuencia.
Los siguientes son algunos de los consejos que pueden ayudarte a deshacerte del desorden mental.

Limpia tu entorno físico

Cuando te sientas en un ambiente que está lleno de desorden, causará tu desorden mental. Esto se debe a que el desorden seguirá diciéndole a tu mente que necesitas trabajar más duro para despejar el desorden. Es probable que estos estímulos excesivos absorban tu energía mental. Si despejas el desorden de tu entorno físico, también estarás despejando tu mente del desorden mental.

Deshazte de los elementos no esenciales y pon todo lo demás en el lugar que te corresponde. La mejor manera de despejar tu desorden mental es despejar tu entorno o espacio de trabajo todos los días para que el desorden no se acumule. Ordenar tu espacio de trabajo promoverá tu claridad mental.

. . .

Escribir una lista de "cosas por hacer"

No tienes que sobrecargar tu cerebro almacenando tanta información en él. Tener una lista de "cosas por hacer" en la que escribas todo lo que tienes que hacer liberará tu mente. La lista debe tener prioridades de tareas y debe verificarlas diariamente y trabajar en ellas según sus prioridades en la lista. La lista puede tener citas, proyectos, facturas a pagar, etc. Siempre puedes marcar una tarea cuando la completes.

Esta lista puede ayudarte a recopilar tus pensamientos y tareas dispersos. Trabaja primero en las tareas críticas y luego puedes pasar a las tareas menos críticas.

Mantén un diario

Un diario es casi similar a una lista de "cosas por hacer", pero aquí documentas aquellas cosas que perturban tu tranquilidad y te generan ansiedades y preocupaciones. Puedes anotar tus preocupaciones, planes para lograr ciertas metas e incluso problemas en tu relación que están agotando tu tranquilidad.

Comprometerte a permanecer en el presente

Necesitas dejar atrás tu pasado. Aferrarte a los arrepentimientos de los errores del pasado o la oportunidad perdida de tus oportunidades, o las personas que te han lastimado, desordenarán tu mente y te robarán la paz mental. Deshacerte de pensamientos y miedos innecesarios reducirá el estrés y mejorará tu confianza. Estos recuerdos negativos no te ayudan en nada, así que trata de borrarlos de tu mente para que puedas enfocarte mejor en las cosas que son más importantes en tu vida.

Evita la multitarea

Organiza bien tu trabajo y encárgate de ellos de forma prioritaria.

Esto evitará que te esfuerces y reducirás el estrés y el agobio. Aunque la multitarea puede parecer contraproducente, eventualmente limitará tu capacidad de concentración y te estresará. Si encuentras que tu hogar u oficina está desordenado, comienza por despejar el desorden antes de ocuparte de cualquier otro asunto. Despeja tu mente de cualquier otro pensamiento y concéntrate en despejar el desorden.

Limita la cantidad de información que consumes

La cantidad de información que consumimos puede tener un impacto en nuestra salud mental. Demasiada información de los medios de comunicación, periódicos e Internet puede obstruir nuestro cerebro causando estrés y ansiedad.

. . .

Pasar tantas horas leyendo información en las redes sociales, blogs o cualquier otra plataforma puede saturar nuestras mentes con cosas innecesarias que causan fatiga mental y estrés mental.

Debes limitar la cantidad de tiempo en las redes sociales y seleccionar solo información importante para leer. Nunca debes permitirte consumir contenido negativo y cancelar cualquier suscripción a un blog que no ayude a mejorar tu vida.

Asegúrate de que la información que les sea auténtica y de una fuente creíble, luego almacena sólo la información relevante y descartar el resto.

Establecer prioridades

¿Cuáles son tus metas en la vida? Debes identificar qué cosas son las más importantes en tu vida y cuáles no. Establecer prioridades puede ayudarte a tomar el control de tu vida y puede ayudarte a identificar y alcanzar tus metas en la vida. Tener una lista interminable de "cosas por hacer" puede abarrotar tu mente. Debes saber que no puedes hacer todo de una sola vez. Por lo tanto, descongestione tu mente teniendo una lista de prioridades principales.

Puedes comenzar escribiendo una lista de lo que quieres hacer y lograr en función de las prioridades. Lo siguiente es planificar cómo hacer las tareas y cómo lograr tus objetivos. Después de escribir cómo vas a ejecutar tu plan, ahora puedes asignar a cada tarea el tiempo que tardarás en terminarlo. Sigue revisando y actualizando tus prioridades para asegurarte de que sigan siendo relevantes porque pueden cambiar con el tiempo.

Tomar decisiones a tiempo

Posponer la toma de decisiones llenará tu mente de decisiones pendientes. Por lo tanto, actúa de inmediato y evita la procrastinación. Sin embargo, recuerda evaluar primero tus decisiones antes de implementarlas. Por lo tanto, si retrasas las decisiones, simplemente estás desordenando tu mente. Revisa tus correos electrónicos, cartas, facturas, solicitudes y responde a ellos en consecuencia para que no se acumulen y te causen desorden mental.

Pon tus decisiones en piloto automático

Las tareas diarias que requieren la toma de decisiones pueden abarrotar tu mente. Ejemplos de estas tareas diarias que requieren la toma de decisiones diaria incluyen:

- Decidir qué cocinar de desayuno, almuerzo o cena.
- Decidir qué ropa usará para trabajar.
- Decidir en qué canal de televisión miras las noticias.

Debes evitar que tu mente se llene de estas tareas diarias, por ejemplo:

- Puedes diseñar un horario semanal de comidas indicando qué comida para cada día y hora.
- Puedes ver canales de TV específicos en momentos específicos.
- Establece prendas específicas que te acompañarán durante la semana.
- Establece tareas específicas para días como lavar la ropa el sábado.

Practica la meditación

La meditación es una excelente manera de relajar la mente y despejarla de cualquier pensamiento estresante. Debes convertirlo en una práctica diaria para ayudarte a eliminar cualquier pensamiento innecesario y calmar tu mente.

Tómate un tiempo para relajarte

Tómate un descanso de tus apretadas agendas y situaciones estresantes. Da un paseo por el parque, ve a nadar, asiste a eventos sociales y haz caminatas o cualquier cosa que te calme y te haga feliz. Dale descanso a tu mente y deja que se recargue para que puedas mejorar tu enfoque y claridad mental.

. . .

Comparte tus pensamientos

A veces, hablar con alguien alivia la carga emocional y el desorden en nuestras mentes. Puedes compartir tus pensamientos con un amigo de confianza o un familiar. Esto puede ayudarte a ver las cosas de manera diferente y tomar decisiones acertadas.

Practica ejercicios de respiración

Respirar profundamente y exhalar lentamente puede hacer magia al calmar la mente y relajar los nervios. La respiración profunda también despeja tu mente dándote un estado de ánimo tranquilo. También es útil para reducir el estrés y promover la concentración.

Come sano y duerme lo suficiente

Una buena dieta y un buen sueño son esenciales para tu salud mental. Dormir lo suficiente ayudará a que tu mente descanse y se recargue. Este es también el mejor remedio para reducir el estrés y combatir la depresión y la ansiedad.

10

Adoptar La Atención Plena Como Alternativa Eficiente Al Pensamiento Excesivo

Preocuparte nubla tu mente y te impide ver con claridad. En cambio, abraza la plenitud.

¿Qué es la atención plena?

En términos simples, la atención plena es la capacidad promedio de un hombre para ser completamente consciente de tu ubicación actual y de lo que estás haciendo en esa ubicación y no distraerte con lo que sucede dentro de tu entorno.

Naturalmente, todos son bendecidos con el concepto de atención plena dentro de ellos; sin embargo, solo se puede acceder a él cuando se usa constantemente. Pero, ¿cómo sabes que te has vuelto consciente? Te vuelves consciente de lo que está pasando por tu cerebro. Cuando le enseñas constantemente a tu mente a ser consciente, rediseñas tu cerebro.

Además, el objetivo de la atención plena es ser consciente de tus operaciones internas de la función del cerebro, tus procesos físicos y sentimientos. Si, por casualidad o a sabiendas, perdemos el control sobre las cosas críticas en la vida, la vida puede dejarnos atrás. Con atención plena, podemos estar más presentes, más conscientes y más capaces de enfrentar la vida.

¿Cómo la gente define la atención plena?

Algunos han definido la atención plena como una condición para ser consciente de la situación actual de uno. Dicen que las personas que no juzgan las situaciones como buenas o malas no están siendo controladas por tus pensamientos y que estas personas pueden ser etiquetadas como conscientes.

Ser consciente es una herramienta útil para ayudar a comprender y controlar los sentimientos subconscientes que pueden presentar grandes problemas tanto en nuestro trabajo como en nuestras relaciones personales. La atención plena sugiere estar en el momento actual en lugar de detenerse en el pasado o mirar hacia una existencia desconocida. Muchos han definido la atención plena como una herramienta para ser utilizada durante la meditación.

. . .

Muchos ven la atención plena como terapéutica. Hay una serie de ventajas de ser consciente. Algunos de estos beneficios incluyen reducir el nivel de ansiedad y depresión de una persona y aumentar el bienestar general de una persona, ayudándola a combatir los sentimientos de aislamiento y rechazo.

La mejor manera de llevar una vida consciente

La condición emocional de una persona determina tu capacidad para permanecer objetivo en situaciones de estrés. Insistir en recuerdos dolorosos y eventos pasados puede atormentar a las personas y evitar que den lo mejor de sí dentro de tus entornos individuales.

Es posible que un hombre o una mujer, hace muchos años, haya hecho algo mal, y año tras año, el pensamiento seguirá volviendo y persiguiéndote. Es posible que desees que suceda algo que te quite la idea de recordar esa ocasión. Pero, ¿cómo se podría solucionar eso?

Esta persona necesitaría enfocarse en esa realidad que existe dentro de tu entorno, y no permitir que tus arrepentimientos pasados perturben tu felicidad presente. No cabe duda que la mejor herramienta para ayudar a una persona a ser consciente de lo que sucede en tu entorno es la atención plena; nos permite dejar de juzgar si la situación es buena o mala.

. . .

Si realmente quieres controlar tus sentimientos, la atención plena es algo que debes practicar.

Datos importantes que debes saber sobre la atención plena

Es importante que sepas estos hechos de atención plena. Conocerlos te permitirá comprender el mindfulness y apreciar sus funciones.

Hecho 1: La atención plena no es un mito o una farsa.

Desarrollar la atención plena es un método científicamente probado que resultará en mejores relaciones con amigos, vecinos, familiares, compañeros de trabajo y otras personas.

Hecho 2: No necesitas alterar tu personalidad.

No necesitamos cambiar nada de nuestra personalidad para ser capaces de estar presentes. Cambiar quién eres logrará poco o ningún éxito en absoluto; métodos como estos están destinados a fallar. Pero con la atención plena, puedes sacar lo mejor de ti mismo y convertirte en un nuevo y mejorado tú.

. . .

Hecho 3: Todo el mundo puede aprender la atención plena.

La atención plena se adquiere aprendiendo y practicando. Y es muy fácil; cualquiera puede aprender a ser más consciente.

Hecho 4: La atención plena es una forma de vida.

La atención plena no es solo una práctica común; Es un estilo de vida. Esta forma de vida nos ayuda a deshacernos del estrés sin sentido ya manejar los desafíos de la vida más fácilmente.

Hecho 5: La evidencia respalda los beneficios de la atención plena.

Los efectos y beneficios de la atención plena se han observado en estudios científicos y en las experiencias personales de quienes lo practican. Estos estudios indican que la atención plena mejora la salud, en general el bienestar y todos los demás aspectos de la vida humana.

Hecho 6: La atención plena da a luz a la innovación.

. . .

La atención plena elimina el desorden mental y libera la mente para actividades creativas e intelectuales. Te resultará más fácil dar respuestas a situaciones y problemas complejos.

Hecho 7: Hay algunos conceptos básicos para la práctica de la atención plena.

Con la atención plena, tu reacción a los eventos diarios se vuelve más positiva. Se mejora el autocontrol, lo que hace que el impacto de la atención plena sea más hermoso.

¿Te preguntas cómo hacer para practicar la consciencia? Aquí hay algunos importantes pasos a seguir:

- Reserva tiempo y espacio para tu práctica.

Para una práctica efectiva de la atención plena, es mejor programar un horario y lugar regulares. Reserva siempre tiempo y espacio para esta tarea.

- No juzgues tus pensamientos.

Las posibilidades de que juzguemos nuestros pensamientos mientras practicamos la atención plena son altas. Lo correcto es observar tales pensamientos sin juzgar.

- Tener una visión positiva del momento presente.

El objetivo de la atención plena no es solo lograr una calma y quietud inigualables; es en realidad aumentar nuestra atención a cada momento, sin juzgarlo como bueno o malo. Por difícil que sea, los objetivos de la atención plena son alcanzables.

- Acepta cada momento tal como es.

Podríamos fácilmente perdernos en nuestros pensamientos. La mejor manera de volver al presente es a través de la atención plena.

- Evita que tu mente divague sin pensar.

En cada momento, numerosos pensamientos aparecerán en tu cabeza. Pero nunca dejes que estos pensamientos sean la base de tu juicio.

Identifica el punto en el que tu mente comienza a divagar y vuelve a enfocarla en el momento presente.

Las siguientes prácticas te ayudarán a lograr la atención plena más fácilmente. Son simples, pero debes ser dedicado y trabajar duro para lograr resultados positivos.

Prácticas conscientes para ayudarte a mejorar tu vida

Un cambio positivo de actitud y la eficacia de tus actividades aumentan cuando puedes reservar tiempo cada semana para practicar la atención plena o el ejercicio consciente. Este ejercicio te ayudará a ser más paciente ya tolerar mejor a los demás. Tu mente se preocupará menos por las críticas o los comentarios negativos. Dará como resultado que socialices más fácilmente y te vuelvas amigable.

El resultado definitivamente afectará tu sueño. Conseguirás un sueño reparador y tranquilo. En general, tu día estará lleno de acontecimientos felices y te sentirás satisfecho hasta bien entrada la noche.

Paseo consciente

Piensa en lo que quieres hacer durante 15 a 20 minutos cada día mientras caminas. Esto es caminar conscientemente.

Dado que caminar te ayuda a mantenerte fresco y mejorar el pensamiento, caminar con atención plena tiene un propósito definido. Para obtener mejores resultados, debes apegarte a un patrón y método particular. Esto mejorará tu progreso.

Debes estar atento y concentrarte bien si estás participando en prácticas conscientes. Esfuérzate por prestar atención incluso a los detalles más pequeños, como las personas y los eventos que lo rodean. Cuatro elementos esenciales harán posible caminar conscientemente: un ritmo constante, una mirada relajada, una postura erguida y un buen equilibrio.

Postura

El éxito del paseo consciente está influenciado por tu postura.

Necesitas alcanzar esa posición perfecta mientras participas en el paseo consciente. Conseguir la postura correcta implica liberar tu cuerpo en cada momento. Deshacerte de la rigidez, de pie en una posición erguida y asegurándote de que tus pies están plantados firmemente en el suelo. Esto te ayudará a caminar mejor.

Equilibrio

Para evitar distracciones mientras caminas conscientemente, debes tener el equilibrio nocturno.

Este equilibrio debería ser evidente desde el dedo hasta los brazos e incluso hasta la barriga.

Es posible que debas hacer esto para tener éxito, dobla el pulgar izquierdo y envuélvelo con el otro dedo. Luego colócalo sobre tu estómago. Ahora coloca la mano derecha sobre él y deja que tu pulgar derecho descanse entre el pulgar izquierdo y el dedo índice.

La mirada

El nivel de tu mirada afecta tu atención a las cosas que te rodean y qué tan bien te concentras. Se logra más éxito cuando bajas la mirada; Sin embargo, no necesariamente mires al suelo. Quita o baja la mirada cuando empieces a estar demasiado centrado en las cosas que ves a tu alrededor.

El ritmo

Durante la caminata consciente, tu ritmo es otra cosa a considerar. Caminar demasiado rápido no te ayudará a lograr nada.

Intenta un ritmo constante; camina despacio, o al menos por debajo de tu paso promedio a paso lento. Cuando tus pies toquen el suelo, te ayudará a sentirte más conectado a tierra en ese momento y capaz de concentrarte.

¿Por qué deberías practicar la atención plena?

. . .

Hay muchos conceptos erróneos sobre la atención plena. Por lo tanto, las personas que comienzan a participar en la atención plena a menudo encuentran que los resultados son muy diferentes de lo que esperan o de lo que se les ha prometido.

A continuación, se presentan algunos de los seis conceptos erróneos más frecuentes sobre la atención plena:

- El objetivo de la atención plena es hacerte una mejor persona.
- El objetivo de la atención plena es detener tus ideas.
- La atención plena es una práctica religiosa.
- La atención plena te protegerá de verte afectado por las condiciones de la vida real.
- La atención plena resolverá todos tus problemas.
- El objetivo del mindfulness no va más allá de eliminar el estrés.

¡Sí! La atención plena ayuda a las personas a lidiar con tu estrés, pero ese no es el objetivo principal de la atención plena. ¿Cuál es entonces el objetivo?

Es para asegurarte de que estás consciente de lo que sucede a tu alrededor: cosas que suceden en las facultades físicas, mentales y emocionales. Comienza a aprender la atención plena hoy por las siguientes razones:

. . .

Entrena tu cuerpo para prosperar a través de la atención plena.

Una cosa que ha ayudado a los atletas a superar sus propias expectativas, alcanzar la grandeza y deshacerse de la negatividad es la atención plena. Su entrenamiento a menudo implica canalizar su fuerza de la mejor manera posible y obtener un mejor control de su respiración.

Los atletas pueden lograr una presencia plena y lograr sus objetivos cuando trabajan en una combinación de atención plena, que incluye respiración táctica y ejercicios intelectuales y conductuales.

Impulsando tu creatividad a través de la atención plena.

Al volverte más consciente, puedes despejar tu mente, liberándote para ser más creativo en todas tus tareas o asignaciones diarias.

Fortalece tu conexión neuronal a través de la atención plena.

El desarrollo de nuevas rutas neuronales y la construcción de nuevas conexiones en el cerebro pueden ser posibles a través de la práctica de la atención plena.

. . .

Esto mejora tus habilidades y te ayuda a concentrarte más en las cosas que están sucediendo actualmente a tu alrededor.

También te ayuda a ser más flexible y promueve el bienestar.

11

Los Efectos De Pensar Demasiado

Hay una alta posibilidad de experimentar problemas somato psicológicos si tu nervio vago está inflamado o dañado. Estos problemas se relacionan principalmente con tu aspecto psicológico y solo se pueden notar a través de tus acciones, y se iniciaron en tu cabeza, ya que depende de cómo responda tu cerebro a diferentes situaciones, por lo que debes comprender los dos sistemas del nervio vago. comunicarte continuamente con el cerebro, principalmente sobre otros órganos del cuerpo. El sistema nervioso simpático se encarga de mantenerte en acción alimentándote con el cortisol y la adrenalina mientras que el sistema nervioso parasimpático es confiable mientras estás relajado o descansando.

En otras palabras, el sistema simpático activa acciones mientras que el parasimpático desacelera acciones y te mantiene en reposo. Sin embargo, este último utiliza la acetilcolina como neurotransmisor que controla la presión arterial y el ritmo cardíaco para crear una condición perfecta para la relajación. Como parte del sistema nervioso autónomo del cuerpo, el nervio vago puede fallar o sufrir daños que obstaculicen todo tu potencial para el cuerpo. La condición más común que afecta al nervio vago es la inflamación que hace que funcione mal. Esta condición podría empeorar el funcionamiento de todo el cuerpo ya que el nervio vago facilita procesos esenciales que mantienen el cuerpo saludable y coleando. Esta etapa analiza los problemas psicológicos que surgen como resultado de la disfunción vagal y la inflamación de la siguiente manera:

Estrés crónico

El problema está asociado con pensar demasiado en cosas que podrían estar más allá de tu control. El estrés también puede ser el resultado de problemas en el nervio vagal. Por ejemplo, cuando tu cuerpo está expuesto a situaciones dañinas, libera sustancias químicas destinadas a responder adecuadamente y evitar lesiones. Como se señaló anteriormente, el sistema nervioso simpático estimula la respuesta a través de la reacción de lucha o huida, y es en este momento cuando aumenta el ritmo cardíaco para suministrar sangre rápidamente a las partes del cuerpo y los músculos que están en movimiento. La respuesta también mejora la inhalación acelerada de oxígeno para ayudar en la oxigenación de la sangre. En este caso, el estrés actúa como un mecanismo de protección que tu cuerpo pone en marcha para mantenerte alerta y fuera de peligro.

Hay diferentes percepciones del estrés entre las personas. En otras palabras, lo que le causa estrés a una persona puede ser de poca importancia para otra, y las personas tienen diferentes maneras y potencial para tratar con él. Esto significa que, si el estrés está destinado a evitar que corras peligro, entonces no debe ser tratado como algo malo. Además, nuestros cuerpos tienen un mecanismo único que está destinado a lidiar con dosis específicas de estrés. Sin embargo, las capacidades del cuerpo podrían debilitarse ya que puede verse abrumado por el estrés crónico que podría ser el resultado de una inflamación o daño del nervio vagal. Este tipo de estrés afecta casi todos los aspectos de tu vida, incluidas la salud física y las emociones. El estrés crónico también se caracteriza por una baja autoestima en la que te sientes inútil e incómodo en público.

Si sufres de estrés crónico, es probable que te sientas abrumado y fácilmente agitado por los demás. Como resultado, terminas evitando las interacciones con tus compañeros porque sientes que quieren controlarte. Evitar a las personas y tener baja autoestima te hace sufrir en aislamiento, ya que es posible que no te des cuenta de la gravedad de la afección. Teniendo esto en cuenta, los síntomas emocionales del estrés crónico pueden acabar siendo una afección grave si no se detectan y tratan. En consecuencia, tu juicio se ve afectado por la condición a medida que se vuelve propenso a la incapacidad para concentrarse y olvidar. También sigues siendo pesimista e incapaz de ver tu vida de manera positiva y muestra nerviosismo a través de comportamientos tales como moverte inquieto y morderte las uñas.

Primero, las personas con estrés crónico parecen evitar responsabilidades complejas. También experimentan cambios repentinos en tu apetito donde comen en exceso o no comen nada. En segundo lugar, la procrastinación también está asociada con el estrés crónico, y podrías correr el riesgo de caer en el abuso del alcohol y las drogas. Por lo tanto, debes pedir retroalimentación si crees que estás sufriendo estrés.

Ansiedad y ataques de pánico

Cada vez que te encuentras con una situación estresante, el cuerpo activa el sistema nervioso simpático del nervio vago. En la mayoría de los casos, el sistema se invierte una vez superada la situación. Sin embargo, la persistencia de la tensión significaría que el efecto sensible del nervio vago se prolongaría hasta que esté fuera de peligro. El efecto generalmente se desencadena y finaliza por una respuesta fisiológica en tu cuerpo, pero una respuesta prolongada de lucha o huida podría causarle problemas a tu cuerpo. La situación conduciría a la activación del intestino y del eje suprarrenal del cerebro. Como resultado, el cerebro aumenta la producción de hormonas que viajan a través del torrente sanguíneo para estimular la inducción de adrenalina y cortisol.

Las hormonas actúan como precursores inflamatorios e inmunosupresores, provocando la ansiedad que podría enfermarte y deprimirte, por lo que la ansiedad crónica aumenta la producción de glutamato en el cerebro, el cual, combinado con el cortisol, reduce el hipocampo encargado de la retención de la memoria. El empeoramiento de esta situación conduce al desarrollo de un trastorno de ansiedad caracterizado por ataques de pánico. El problema se caracteriza por la sensación de que se encuentra en un peligro inminente o de que tu vida corre peligro. Estos falsos signos pueden ser frecuentes, dependiendo de la gravedad de la condición. Con esta condición, sientes miedo de perder tus objetos de valor o como si estuvieras a punto de morir. En la mayoría de los casos, el efecto parece incontrolable ya que el pánico crea la ilusión de que se ha decidido en otro lugar.

En este momento, tu ritmo cardíaco aumenta debido a la tensión, lo que hace que lata contra tu pecho a medida que tu respiración se vuelve salvaje. La presión arterial aumenta a medida que el cuerpo lo toma como un ataque. Estos ataques de pánico pueden confundir a tu cuerpo, ya que dan falsas alarmas que hacen que tu cuerpo sude como si estuvieras en una situación grave, aunque estés acostado en tu sofá. La impotencia asociada con la ansiedad y los ataques de pánico te deja temblando de miedo al peligro inminente imaginado, y te darás cuenta de que tu cuerpo tiembla incontrolablemente debido a una situación percibida.

Fobias

Se sabe que la inflamación vagal causa sesgo de fobia como uno de los problemas somato psicológicos en el cuerpo humano. En su mayoría, el problema se caracteriza por una profunda sensación de pánico y una reacción de miedo irracional. Cuando estás en esta condición, te encuentras con diferentes fuentes de miedo, dependiendo de cómo percibas el entorno. En algunos casos, podrías estar experimentando fobia en situaciones, objetos o lugares específicos. Se sabe que esta forma de daño del nervio vagal complica la forma en que tu cerebro interpreta algunos aspectos del entorno, por lo que terminas sintiéndote inseguro en entornos oscuros o silenciosos, especialmente si has tenido una experiencia aterradora antes.

Los efectos de la fobia varían según la gravedad y el mecanismo del cuerpo para reparar los tejidos dañados. Estas condiciones determinan el impacto de la fobia en tu cuerpo, ya que solo puede ser una experiencia molesta o convertirse en una experiencia grave e incapacitante. Si experimentas fobia, es posible que no puedas hacer nada al respecto, ya que es causada por otras afecciones subyacentes, como la inflamación del nervio vagal. Por lo tanto, es propenso al estrés ya que siempre tienes miedo de un posible ataque, lo que te vuelve improductivo y antisocial, especialmente en el lugar de trabajo. La condición puede ser diferente de una persona a otra, por lo tanto, las diferentes categorización según el desencadenante y los síntomas.

Un tipo común de la condición se conoce como agorafobia, que se caracteriza por el pánico de situaciones y lugares de los que no se puede escapar. En su mayoría, las personas que tienen agorafobia tienen miedo de estar en lugares abiertos, como fuera de sus casas o en lugares concurridos. Las personas se sienten incómodas en las áreas sociales y les gusta pasar la mayor parte del tiempo en el interior. La razón principal por la que estas personas evitan los lugares públicos se debe a la ansiedad de experimentar la fobia en público, lo que podría avergonzarlos y dejarlos indefensos. En algunos casos, las personas con agorafobia pueden vivir una emergencia sanitaria, lo que les obliga a permanecer en lugares donde podrían pedir una respuesta urgente.

La fobia social tiene características relativamente similares y también se conoce como trastorno de ansiedad social cuando se combina con síntomas de ansiedad. Como sugiere su nombre, las víctimas de este trastorno evitan los lugares sociales y prefieren permanecer aisladas por temor a la humillación y la discriminación en caso de que se vuelvan fóbicos. Este tipo de fobia es tan grave que puede ser causada por una simple interacción como contestar una llamada telefónica o hablar con un extraño. Hace que las víctimas hagan todo lo posible para evitar estas interacciones que les dificultan la vida, especialmente si están trabajando o asistiendo a la escuela. La fobia puede ser desencadenada por un objeto específico con categorías comunes que son el medio ambiente, la medicina, las situaciones o los animales.

Desorden bipolar

El problema también es causado por la disfunción vagal y la inflamación y anteriormente se denominaba depresión maníaca. Es una condición mental que desencadena un sentimiento de mal humor y emociones cambiantes. Cuando las emociones son altas se denominan manía o hipomanía, y depresión cuando son bajas. Si estás deprimido, probablemente experimentarás desesperanza, tristeza y pérdida de placer e interés. El sentimiento te hace odiar las actividades que antes te gustaban y pierdes el interés por conocer a las personas que amas. Sin embargo, la sensación a veces es de corta duración, ya que de repente puedes experimentar un estado de ánimo elevado que te hace sentir eufórico e irritable lleno de energía.

Los cambios drásticos en el estado de ánimo afectan significativamente la forma en que te comportas, juzgas o duermes. También te impide razonar con claridad y tomar la decisión correcta. Hay numerosos episodios de estos cambios de humor que ocurren varias veces al año. En algunos casos, puedes experimentar cambios en los eventos y síntomas emocionales, mientras que otros pueden no experimentarlos en absoluto. La condición es manejable a través del seguimiento de un plan de tratamiento que incluye asesoramiento y medicación. Cuando un nervio vago disfuncional causa la afección, solo se puede tratar curando el nervio. Varios tipos de este trastorno incluyen la depresión y la hipomanía. Estos síntomas podrían causar efectos drásticos en la vida y una angustia significativa si no se abordan.

El trastorno bipolar se experimenta cuando la condición desencadena una ruptura con la realidad y te hace temer a tu imaginación. Se caracteriza por un solo episodio maníaco y ocurre antes o después del incidente. Bipolar II se caracteriza por un episodio depresivo mayor que dura semanas, seguido de un episodio hipomaníaco que dura aproximadamente una semana. La condición es más común en las mujeres, pero también la experimentan los hombres. En la ciclotimia, se experimentan episodios de depresión e hipomanía, que son relativamente más breves que los causados por los dos últimos tipos. Además, la condición se caracteriza por un mes o dos de estabilidad cuando el problema reaparece y se extiende por algunas semanas. Los episodios de manía e hipomanía son distintos en sus síntomas, pero el episodio de manía es más grave y se sabe que causa problemas en lugares públicos como lugares de trabajo o escuelas.

12

¿Cómo Dejar De Pensar Demasiado Con Un Diálogo Interno Positivo?

La charla con uno mismo es la discusión interna que tienes contigo. Todo el mundo habla de sí mismo. Sin embargo, el impacto del diálogo interno solo es evidente cuando lo estás usando de manera positiva. El poder del diálogo interno puede conducir a un aumento general de tu autoestima y confianza.

Además, si convences a tu yo interior de que estás más allá de ciertas emociones, también te resultará fácil superar las emociones que parecen agobiarte. Si puedes dominar el arte del diálogo interno positivo, tendrás más confianza en ti mismo y esto puede transformar tu vida de maneras asombrosas.

No puedes estar seguro de que siempre te hablarás a ti mismo positivamente. Por lo tanto, es importante entender que el diálogo interno puede ir en ambas direcciones. A veces, te encontrarás reflexionando sobre cosas negativas.

En otros casos, pensarás en las cosas buenas que has logrado.

Teniendo esto en cuenta, es imperativo que practiques un diálogo interno positivo. Esto puede entenderse como obligarte a pensar positivamente incluso cuando estás pasando por desafíos.

Si tu diálogo interno siempre se inclina a pensar negativamente, no significa que no haya nada que pueda hacer al respecto. Con la práctica regular, puedes cambiar tu pensamiento negativo por un pensamiento positivo. Con el tiempo, esto te transformará en una persona más optimista y llena de vida.

Importancia del diálogo interno positivo

Las investigaciones muestran que el diálogo interno positivo puede tener un impacto positivo en tu bienestar general. Los siguientes son otros beneficios que puedes obtener al practicar regularmente un diálogo interno positivo.

Aumenta tu confianza

¿A menudo te sientes tímido cuando hablas con otras personas? Tal vez no creas completamente en tus habilidades y capacidades. Bueno, el diálogo interno positivo puede transformar las percepciones que tienes sobre ti mismo y tus habilidades. El diálogo interno negativo puede impedir que logres cosas en la vida. Incluso puede evitar que lo intentes en primer lugar. Desafortunadamente, esto puede llevarte a pensar demasiado en las cosas que sientes que deberías hacer.

Entonces, en lugar de actuar, terminas perdiendo el tiempo pensando en ellos.

El diálogo interno positivo te permite dejar de lado cualquier duda que puedas tener sobre el logro de una meta en particular. Por lo tanto, estará motivado para actuar sin preocuparse de si tendrá éxito o no. Eres simplemente optimista acerca de la vida. No hay nada que pueda impedir que des lo mejor de ti a la hora de realizar cualquier actividad.

Te salva de la depresión

Pensar demasiado puede hacerte más susceptible a la depresión porque acumulas la percepción de que eres incapaz de desempeñarte bien. Francamente, esto afecta tu bienestar emocional y físico. Algunos de los efectos que experimentarás cuando estés deprimido incluyen falta de sueño, letargo, pérdida de apetito, nerviosismo, etc. El diálogo interno positivo tiene la capacidad de cambiar todo esto. Te llenará del optimismo que necesitas para ver más allá de tus desafíos. Como resultado, en lugar de creer que no puedes hacerlo, comenzarás a convencerte a ti mismo de que puedes hacerlo. El diálogo interno positivo puede transformar cómo te sientes, es solo cuestión de cambiar la forma en que percibes el mundo que te rodea.

Elimina el estrés

Hay muchos factores estresantes que tenemos que superar cada día. La verdad es que todos pasamos por estrés.
La única diferencia es cómo lidiamos con el estrés. Algunas personas permiten que el estrés las abrume. A menudo, encontrarás personas así con una perspectiva negativa de la vida.

Tendrán todo tipo de comentarios negativos sobre la vida. "La vida es dura", "No puedo soportarlo más", "Siempre estoy cansado", "Las cosas nunca son más fáciles", etc. Hemos escuchado este tipo de comentarios de nuestros amigos que han renunciado a la vida. La realidad es que el estrés puede sacar lo mejor de ti si te rindes. Practicar un diálogo interno positivo puede ayudarlo a darse cuenta de que el estrés va y viene. Es algo común que todo el mundo experimenta.

Protege tu corazón

Todos sabemos que el estrés no es bueno para nuestra salud. El estrés conduce a muchas enfermedades, incluidas las enfermedades cardiovasculares, como los accidentes cerebrovasculares. Por lo tanto, al practicar el diálogo interno positivo, estarás protegiendo tu corazón.

Mejora tu rendimiento

El diálogo interno positivo también puede ayudar a mejorar tu desempeño en cualquier cosa que hagas. Hay momentos en los que te sientes cansado y abatido. Por ejemplo, cuando te levantas por la mañana con la sensación de haber corrido varios kilómetros, esto puede ser agotador. Afecta la forma en que te ocupas de tus actividades diarias.

Con un diálogo interno positivo, puedes aprovechar tus reservas de energía y potenciar tu rendimiento. Es sorprendente cómo puedes cambiar rápidamente la forma en que te sientes pensando positivamente.

¿Cómo funciona el diálogo interno positivo?

Antes de entrar en detalles sobre la práctica del diálogo interno, es importante comprender cómo funciona el pensamiento negativo. Hay varias formas en las que puedes pensar negativamente, entre ellas:

- Personalización

Esta forma de pensamiento negativo ocurre cuando te culpas por algo malo que te sucede.

- Catastrofismo

Si esperas que te suceda lo peor, entonces simplemente estás provocando una catástrofe en todo. El problema aquí es que no permites que la lógica te ayude a comprender que algunas cosas no son como piensas.

- Aumentador

Aquí, prestas más atención a las cosas negativas. En la mayoría de los casos, bloquearás tu mente para que no puedas pensar positivamente sobre cualquier situación por la que puedas estar pasando.

- Polarización

Miras a los extremos cuando se trata de juzgar las cosas que suceden a tu alrededor. De las percepciones que tú has desarrollado en tu mente, algo es bueno o malo.

Consejos para practicar el diálogo interno positivo

- Tener un propósito

Hay una buena razón por la que escucharás a la mayoría de las personas argumentar que es importante vivir una vida con propósito. Innegablemente, cuando crees firmemente que estás aquí en esta tierra por una buena razón, te esforzarás por ser la mejor versión de ti mismo. Estarás constantemente motivado para tratar de lograr tus metas en la vida. La mejor parte es que te sentirás bien con tus logros. Esto se debe a que son una indicación de que vas en la dirección correcta hacia tus objetivos. Por lo tanto, cuando practiques el diálogo interno, busca siempre un propósito superior que anhelas lograr. Esto lo mantendrá en movimiento sin preocuparse demasiado por la cantidad de veces que tropieza.

Deshazte de las personas tóxicas

Es común tener un mal día. No podemos negar el hecho de que hay momentos en que la vida parece difícil. Por lo general, esto sucede cuando nuestras emociones nos abruman. A pesar de este hecho, hay personas que tienen estos malos días todos los días.

Parece que nunca dejan de hablar de sus peores experiencias. Desafortunadamente, esto puede tener un efecto negativo en tu vida, especialmente cuando interactúas con otras personas. Imagina un escenario en el que siempre se les dice lo difícil que es la vida. Tu amigo no deja de mencionarte que la vida ha cambiado y que te es imposible realizar tus sueños. Con el tiempo, esta es la mentalidad que también desarrollarás. No hay nada bueno que verás en tu vida ya que no puedes pensar positivamente. Lo interesante es que en realidad podrías estar haciendo cambios positivos, pero es poco probable que te des cuenta.

Nunca te compares con los demás

Es fácil compararte con otras personas, más aún cuando sientes que te falta algo. Lamentablemente, tales comparaciones solo te empujan a menospreciarte a ti mismo. El juego de comparación te impedirá ver las valiosas cualidades que tienes. Desarrollarás una actitud negativa hacia tus habilidades al asumir que otras personas son mejores que tú. Al expresar cómo estás agradecido por lo que tienes, puedes identificar las numerosas cosas que te hacen diferente de otras personas. Esta es una gran manera de desarrollar tu personalidad y ayudarte a creer en ti mismo.

Hablar positivamente con otras personas

Hablar positivamente con otras personas tendrá un impacto en tu diálogo interno.

Si hablas constantemente de cosas negativas con quienes te rodean, entonces existe la posibilidad de que también te involucres en una charla contigo mismo negativa. Probablemente haya muchas veces en las que hayas escuchado a la gente decir que eres lo que piensas y cómo lo piensas. Por lo tanto, si continúas enfocándote en lo negativo, espere que la negatividad fluya a través de tu mente. Detén esto haciendo todo lo posible para rodearte de positividad, comenzando con la forma en que habla con otras personas.

Cree en tu éxito

La mejor manera de impulsarte para tener éxito en sus esfuerzos es creer que puedes hacerlo. Si no crees que puedes hacerlo, entonces esto te impide intentar cualquier cosa. Esto debe aplicarse a todo lo que haces. Por ejemplo, si estás trabajando para perder peso, debes convencerte de que puedes hacerlo. Este es el primer paso que te dará la energía que necesitas para superar los desafíos en tu camino hacia el éxito.

Superar el miedo al fracaso

Tener éxito en la vida también exige que superes el miedo al fracaso. Siempre debes tener en cuenta que tus fracasos son lecciones de aprendizaje. De hecho, la mayoría de las personas que han tenido éxito en la vida han fracasado en algún momento. Cuando superes el miedo al fracaso, estarás más que dispuesto a intentar cualquier cosa sin dudarlo. Esto abre las puertas a muchas oportunidades. La buena noticia es que habrás aprendido mucho de la experiencia de fracasar.

Usa afirmaciones positivas

También puedes dar un impulso positivo a tu diálogo interno mediante el uso de afirmaciones positivas. La mejor manera de usar estas afirmaciones es escribiéndolas. Anótalos en algún lugar donde puedas verlos fácilmente. Por ejemplo, puedes pegarlos en tu refrigerador o en tu tablero de visión, si tienes uno. La importancia de ubicarlos en un lugar conveniente es garantizar que te motives todos los días. Idealmente, esta es una estrategia efectiva para entrenar tu mente para pensar siempre positivamente. Ejemplos de afirmaciones positivas que puede anotar incluyen:

- Estoy bendecido.
- Soy una persona exitosa.
- Acepto lo que la vida me ofrece.
- Hoy estoy feliz.
- Me permito llenarme de alegría.

Evita vivir en el pasado

Cuando piensas demasiado en el pasado, es probable que te resulte difícil concentrarte en el presente. Esto tendrá un impacto en tu diálogo interno. Si sigues lamentando los errores que has cometido, es muy probable que pienses negativamente.

Tus emociones te impedirán pensar con claridad. Como tal, esto puede tener un impacto en las decisiones que toma.

Es imperativo que encuentres un equilibrio entre pensar en el futuro y el presente. Cuando pienses en tu futuro, concéntrate en lo positivo. Si hay algo que deseas, piensa en esa dirección y convéncete de que ya lo tienes.

13

¿Cómo Resolver Los Problemas De Preocupación?

¿Cuánto es demasiado?

Es muy normal experimentar preocupaciones, ansiedad y dudas en la vida diaria. Es nuestra reacción a ella lo que hace la mayor diferencia en nuestras vidas. Es muy natural preocuparte por una primera cita, una próxima entrevista o una factura impaga. Preocuparte con frecuencia se vuelve abrumador cuando eres incontrolable y persistente. Si todos los días te alteras imaginando todas las cosas negativas que te pueden pasar, estás permitiendo que los pensamientos ansiosos interfieran con tu vida y tu bienestar.

Los pensamientos negativos, la preocupación incesante y la expectativa constante de malos resultados tendrán un efecto negativo en tu bienestar físico y emocional. Te va debilitando emocionalmente paulatinamente, quitándote fuerzas y dejándote inquieto y nervioso, con dolores de cabeza, insomnio, tensión muscular y problemas estomacales.

No se puede exagerar el efecto de esto en tu vida personal, tu concentración en la escuela y el trabajo. Para algunas personas, es más fácil descargar tu frustración con tus seres queridos y las personas más cercanas a ellos, toman alcohol o drogas o tratan de distraerse desconectándose de todo.

La ansiedad y la preocupación crónicas son un signo del Trastorno de Ansiedad Generalizada (TAG), un trastorno que provoca inquietud, nerviosismo y tensión, junto con una sensación de malestar que puede apoderarse de tu vida.

Si te sientes agobiado por la tensión y las preocupaciones, puedes tomar algunas medidas para distraerte de los pensamientos ansiosos. Con el tiempo, preocuparse constantemente se convierte en un problema. Se convierte en un hábito mental cuando se prolonga y es muy difícil de romper. Entrena tu cerebro para estar tranquilo y pensar solo en pensamientos positivos, y cambia tu perspectiva de la vida a una perspectiva más relajada y segura.

¿Cómo dejar de preocuparte?

Consejo 1: Elige un período corto cada día para preocuparte

Puede ser bastante difícil ser productivo cuando tus pensamientos son consumidos por la preocupación y la ansiedad, distrayendo tu atención de la escuela, el trabajo o tu familia.

Cómo Dejar de Pensar Demasiado las Cosas

. . .

En este caso, la estrategia de aplazar las preocupaciones puede hacer mucho bien. En lugar de deshacerte de estos pensamientos, concédete permiso para tener estos pensamientos más tarde en tu día.

Dedica un tiempo a la preocupación cada día. Establece un tiempo y un lugar para pensar en las cosas que te molestan.

Debe ser a la misma hora todos los días (por ejemplo, de 6 p. m. a 6:15 p. m. en el dormitorio). Elegir un marco de tiempo que no afecte tu hora de acostarte o cree ansiedad adicional en tu vida. Durante este período, puedes preocuparte de lo que quieras. El resto del día debe clasificarse como libre de preocupaciones.

Pon tus preocupaciones por escrito. Cuando te des cuenta de que tienes pensamientos ansiosos o preocupantes, simplemente anótalos brevemente y continúa con tus actividades diarias.

Siempre recuerda que hay tiempo para que lo pienses más tarde; no hay necesidad de preocuparte por ellos ahora.

Echa un vistazo a tu lista de preocupaciones durante tu período de preocupación programado. Si tus pensamientos aún te molestan, permítete pensar en esas cosas, pero solo durante el período de preocupación especificado. Notarás que, al examinar tus preocupaciones de esta manera, es más fácil establecer una perspectiva más equilibrada de la preocupación.

Si, en este punto, tus preocupaciones no parecen tan importantes como antes, simplemente reduce la duración de tu período de preocupación y disfruta tu día al máximo.

Consejo 2: Desafía los pensamientos ansiosos

La forma en que miras el mundo puede verse un poco alterada si eres un pensador y una persona que se preocupa y piensa de forma crónica. Lo cambia todo, y es posible que tiendas a sentirte amenazado. Por ejemplo, te imaginas sólo el peor de los casos y asumes lo peor o manejas tus pensamientos ansiosos como si fueran hechos.

Como resultado, es posible que no te sientas lo suficientemente seguro como para enfrentar los desafíos diarios de frente; puede suponer que lo perderás a la menor señal de problemas.

Dichos pensamientos, también conocidos como distorsiones cognitivas, incluyen: pensamiento de "todo o nada", tener una perspectiva en blanco y negro, concluir que "si no es perfecto, entonces soy un completo fracaso" o "yo no fue contratado para este trabajo; nunca volveré a conseguir ningún trabajo".

Puedes hacer una generalización a partir de una sola experiencia negativa y esperar que sea cierta para siempre. La vida no funciona de esa manera.

Es posible que solo notes las cosas que salieron mal en tu día, en lugar de las cosas que salieron bien, lo que da como resultado pensamientos como: "No respondí la última pregunta del examen; soy estúpido y no puedo hacer nada bien."

Puedes atribuir los eventos positivos a la pura suerte, en lugar de a tu propia capacidad para crear resultados positivos.

Puedes tomar tus suposiciones por hechos. Puedes convertirte en un lector de mentes o adivino con pensamientos como: "Sé que algo malo sucederá" o "Sé que ella me odia en secreto".

Esto crea mala energía. Sin fe, tu mente puede saltar automáticamente al peor de los casos, como: "El avión está experimentando turbulencias; se va a estrellar". Puedes tomar tus pensamientos por la realidad: "Me siento tan estúpido; ahora soy el hazmerreír".

. . .

Puedes hacer una lista de lo que debes y lo que no debes hacer y castigarte cuando no cumples alguna de las reglas, con pensamientos como: "No deberías haber ido allí. Ahora me veo como un tonto". Puedes etiquetarte a ti mismo en función de tus defectos y errores, con pensamientos como "No puedo hacer nada bien, debería ser un solitario". Puedes asumir la responsabilidad de las cosas que están fuera de tu control, pensando: "Es mi culpa que mi hijo muriera. No debí haberlo dejado solo junto a la piscina".

Desafiando estos pensamientos

Probar esto. Desafía estos pensamientos negativos durante tu período de preocupación y hágase estas preguntas:

- ¿Qué evidencia prueba que estos pensamientos son válidos o no?
- ¿Hay una mejor manera de ver esta situación? ¿Una mejor manera y más positiva?
- ¿Cuáles son las posibilidades de mis miedos convirtiéndose en realidad? ¿Cuáles son las probabilidades? ¿Cuáles son algunos resultados probables en esta situación?
- ¿Son útiles estos pensamientos? ¿Cómo me afectan? ¿Me ayudan o me hacen daño?
- ¿Cuál es mi consejo para un amigo que ha estado en una situación similar?

Consejo 3: diferencia las preocupaciones solucionables de las irresolubles

. . .

Los estudios han demostrado que experimentas menos ansiedad cuando te preocupas. Mientras piensas en el problema en tu cabeza, te distraes de tus emociones por un rato y sientes que realmente estás resolviendo un problema; en realidad, preocuparte y resolver problemas son dos cosas completamente diferentes.

Al resolver problemas, estás examinando una situación, pensando en formas sólidas de enfrentarla y poniendo estos planes en acción. Por otro lado, preocuparte rara vez conduce a soluciones.

Cuanto más tiempo pases pensando en los peores escenarios, menos preparado estarás para manejarlos si realmente suceden. Esa es la simple verdad.

¿Tiene solución tu preocupación?

Hay diferentes tipos de preocupaciones; algunos tienen soluciones, mientras que otros no. Las preocupaciones solucionables son aquellas que puedes actuar para resolver instantáneamente. Por ejemplo, cuando estés preocupado por tus deudas, puedes llamar a un amigo o familiar para liquidar tus deudas, con la opción de pagarlas más adelante.

Este tipo de preocupación también puede describirse como preocupación productiva. Por otro lado, aquellas preocupaciones que no tienen una acción correspondiente pueden caracterizarse como problemas no resueltos, por ejemplo, pensamientos como: ¿Qué pasa si algún día tengo leucemia?

¿Qué pasa si mi familia se involucra en un accidente?

En una situación en la que puedas tomar medidas sobre lo que te preocupa, comienza a buscar soluciones. Compila una lista de todas las formas en que crees que puedes resolver tu preocupación. No te dejes atrapar por la búsqueda de la respuesta perfecta al problema.

Concéntrate en aquellas cosas que están a tu alcance y que pueden cambiarte en lugar de pensar en situaciones que están fuera de tu alcance. Después de decidir la solución que resolverás tu problema, desarrolla un plan de acción. Inmediatamente te dispusiste a abordar tu miedo; estarás menos preocupado.

Por otro lado, cuando la preocupación no sea algo que puedas resolver, haz las paces contigo mismo sintiéndote cómodo con la incertidumbre. Para las personas que se preocupan en exceso, muchos de sus miedos tienden a ser de este tipo. Las personas tienden a preocuparse cuando intentan anticipar el futuro, y esto se hace para sentirse más en control y prevenir posibles problemas.

Sin embargo, la amarga verdad es que preocuparte no soluciona nada; la vida es ocasionalmente impredecible. Entonces, ¿por qué no disfrutar de tu vida ahora en lugar de estar absorto en cosas desagradables que no han sucedido?

La mayoría de la gente anhela la paz interior: la sensación de que todo está y estará bien. Pero a veces, nos preocupamos, desarrollamos miedos y reflexionamos sobre las mismas cosas una y otra vez sin encontrar una salida.

Lo trágico es que, por supuesto, sabemos racionalmente que la próxima prueba no es una situación de vida o muerte.

Nuestro hijo probablemente no está tirado en la zanja solo porque no llama a la hora acordada. Nuestro dolor de cabeza sordo es probablemente inofensivo y no el síntoma de un tumor cerebral.

Consejo 4: Interrumpe el ciclo de preocupación

Responde las siguientes preguntas:

- ¿Qué me preocupa?
- ¿Qué posibles soluciones existen?
- ¿Qué solución debo elegir?
- ¿Cómo y cuándo implemento la solución?

Simplemente escribir sus preocupaciones puede darte un poco de alivio. Si entonces también escribes diferentes soluciones, verás tus miedos bajo una luz diferente. Adoptarás la perspectiva del observador y podrás pensar más lógicamente sobre lo que puedes hacer.

Meditar. La meditación ayuda a aliviar las preocupaciones diarias al cambiar nuestra atención. Nos enfocamos solo en el aquí y ahora y podemos dejar atrás las preocupaciones del pasado o del futuro. Del mismo modo, la meditación también puede ayudarnos a observarnos a nosotros mismos y comprender nuestros patrones de pensamiento negativos. Solo necesitamos encontrar un lugar cómodo, tranquilo y concentrarnos con atención en nuestra respiración. Varios estudios han demostrado que la meditación no solo ayuda a aliviar las preocupaciones, sino que también puede reducir el estrés y la ansiedad.

Practica la relajación muscular progresiva. Los deportes y el ejercicio también promueven la relajación y el sueño.

También ayudan a distraernos de nuestras preocupaciones cotidianas y promueven nuestra autoestima y bienestar. Esta confianza nos facilitará abordar nuestras preocupaciones de frente. Además, los investigadores afirman que el ejercicio puede reducir no solo la ansiedad sino también mejorar nuestro bienestar emocional y energía. Muchos científicos creen que la actividad física puede reducir significativamente la depresión.

Consejo 5: Habla de tus preocupaciones.

. . .

Una forma de preocuparnos menos es hablar con nuestros amigos más cercanos sobre lo que nos molesta. Cuando estamos preocupados, los amigos pueden ayudarnos a aliviar nuestros miedos y ver las cosas desde una perspectiva diferente.

Pueden ayudarnos a mirar el problema desde afuera. Entonces, a menudo podemos encontrar una solución o darnos cuenta de que no es un problema tan grave como temíamos. Cuando escuchan sin juzgar ni criticar y prestan atención a lo que decimos, su empatía puede ayudarnos a sentirnos más tranquilos y relajados.

Tener a alguien que nos escuche con empatía es fundamental para que nos sintamos mejor. Incluso la ayuda profesional es muy beneficiosa, en algunos casos, si no puedes encontrar una salida por ti mismo.

Conclusión

Es tan increíblemente importante no solo sentirte cómodo contigo mismo y con todo lo que te rodea mientras realizas ese viaje, sino también poder hacer tu propio esfuerzo activamente. La vida es más feliz a medida que la atraviesas. A menudo, desarrollas mucha ansiedad como resultado de emociones negativas o simplemente por falta de emoción. La apatía que sentimos es un derivado directo de la ansiedad, y pensamos demasiado porque nuestro cerebro no tiene emociones en las que concentrarse, por lo que crea las suyas propias a partir de la ansiedad, el estrés y la apatía.

La parte más relevante de la curación es recuperar esas emociones positivas para que te brindes experiencias positivas sin la necesidad de estresarte innecesariamente. Por ejemplo, salir y desconectarte de tus dispositivos por un rato puede ayudar mucho a estimular emociones positivas. Nos sentimos bien cuando salimos y olemos el aire fresco, y nos sentimos bien cuando nos sentimos más conectados con el suelo debajo de nosotros.

Conclusión

Debido a que estar al aire libre estimula este tipo de placer muy básico en nosotros, debes buscarlo cuando puedas. Esto no tiene que ser una parte de su régimen, que sigue a diario, pero debes salir con bastante frecuencia para que realmente puedas experimentar el mundo real que te rodea por lo que es de una manera básica y carnal. Salir a la calle tampoco tiene que ser una experiencia solitaria. Puede ser relajante y catártico simplemente dar un paseo al aire libre con amigos u otros seres queridos. No solo te ayuda a calmarte, sino que puede ser una buena manera de hablar claramente con las personas que te importan y que se preocupan por ti. Permitirles entrar en tu vida de una manera más honesta y directa es un buen medio para que seas más feliz a largo plazo. Estar en la naturaleza tiende a tener este efecto en las personas: nos sentimos más tranquilos, emocionalmente más estables y relajados cuando estamos afuera, por lo que tiene sentido que estemos más dispuestos a acercarnos a las personas y hablar con ellas honestamente sobre tus vidas cómo se sienten, así como nuestras propias experiencias con ellos. Tener estas experiencias entrelazadas durante un período de tiempo puede ser increíblemente curativo para todos los involucrados.

Cuando te sientes abrumado por las presiones de la vida y sientes que podrías colapsar bajo el peso de tu propio estrés, es un buen momento para dar un paso atrás y analizar en profundidad por qué está donde estás y por qué estás haciendo lo que estás haciendo. Evalúate a ti mismo ya su puesto en este momento y determina qué tan importante es ese puesto para ti. Tu salud mental y emocional siempre debe anteponerse a las necesidades de los demás y lo que te pueden exigir. Si hay alguien en tu vida que te pide algo y es

Conclusión

demasiado, tienes la capacidad y la libertad de declinar en un ejercicio de ponerte a ti mismo en primer lugar.

A menudo, gran parte de tu estrés surge de no saber cómo priorizarse a ti mismo por encima de otras personas. Cuando aprendemos esta habilidad reemplazable, tomamos conciencia de nuestro lugar con nuestros amigos y seres queridos y comprendemos mejor cómo podemos hacernos a nosotros mismos y nuestras vidas más felices. Si estás en un lugar o posición en la que no te sientes feliz, sal de esa situación. No estás siendo terrible o egoísta por querer lo mejor para ti y querer ser feliz por el hecho de ser feliz. Incluso si no quieres que la gente te vea como egoísta, hay cosas más importantes en tu vida que complacer a los demás en lugar de complacerte a ti mismo. Sé hedonista en un nivel íntimo y espiritual. Hay formas en que puedes complacerte a ti mismo en el nivel de las emociones y el cerebro que quizás no hayas podido hacer o reunir el coraje para comprometerte antes de comenzar a tratar de deshacer todo el trauma que te causaron con el tiempo. Deléitate con algo que disfrutes de vez en cuando, despilfarra en algo que has tenido en mente durante un tiempo, rechaza planes si no tienes ganas de salir y tómate días para ti mismo en los que puedas simplemente sentarte y relajarte y disfruta de tu propia compañía de una manera que no podrías hacerlo si hubiera alguien más alrededor, sin importar lo cerca que estuvieran de ti. Cuando nos priorizamos a nosotros mismos y aprendemos a reducir nuestras pérdidas emocionalmente, nos liberamos a tantas experiencias curativas que nunca hubiéramos tenido si no hubiéramos sabido cómo hacer esos cambios y tomar decisiones por el bien de nuestra salud mental en lugar de en aras de la felicidad de otras personas. Incluso tomarte un día libre de tus obligaciones si puedes, y

Conclusión

tener solo una tarde en la que puedas disfrutar y darte un capricho puede ser una experiencia increíblemente curativa en ti misma.

Darte un capricho y aceptarte como alguien que necesita ser cuidado y amado, incluso si tienes que ser tú, puede brindarte tanta alegría y liberación emocional a la que quizás nunca hubieras tenido acceso de otra manera.

En última instancia, puede haber personas en tu vida que te impidan ser la mejor versión de ti mismo. Estas personas son personas tóxicas y podrían estar involucradas en cualquier parte de tu vida. Pueden ser sus amigos, su familia, sus compañeros de trabajo o cualquier otra persona en su sistema de apoyo, o fuera de él, con quien habla regularmente y que está teniendo un impacto negativo directo en su vida. Las personas tóxicas pueden mirar de cualquier forma y vienen en muchos disfraces. Es posible que hayas sido una persona tóxica en algún momento, la mayoría de las personas tienen rasgos tóxicos en su personalidad, que podrían mejorarse para hacerlos más agradables y saludables para ellos y para los demás. Independientemente de si tienes o no rasgos tóxicos ahora o antes, eso no significa que no puedas verte afectado por ellos en otras personas hoy. Cuanto más aprendas sobre las personas en tu vida, más fácilmente podrás comenzar a verlas por lo que realmente son. Si conoces a una persona tóxica en tu vida, probablemente lo sabrás por su forma de actuar antes que por su aspecto. Las personas tóxicas tienden a manipular a los demás para obtener lo que quieren, y no suelen sentir mucho remordimiento cuando manipulan con éxito a otras personas para que hagan lo que necesitan que hagan. Las personas tóxicas consiguen que otras personas sumisas

Conclusión

hagan el trabajo sucio por ellas mientras se sientan y manipulan a todos los demás detrás de escena.

Las personas tóxicas pueden tener acciones muy depresivas, pueden estar ansiosas, pueden ser narcisistas, pueden tener cualquier número de síntomas de otras enfermedades mentales o señales de que no están del todo ahí o que tienen planes y habilidades para manipularte para obtener lo que quieren y creen que se merecen. Probablemente hayas sido manipulado por una persona tóxica en algún momento del último mes o dos. Probablemente también tengas al menos una persona en tu vida que se consideraría tóxica. Considera si alguien que conoce o incluso alguien en tu sistema de soporte alguna vez ha usado los poderes de la elocuencia y sus propias palabras contra ti para chantajearte o culparte para que estés en deuda emocional con ellos. ¿Le guardan rencor por cosas que sucedieron hace mucho tiempo y que podrían no haber sido culpa suya? ¿Tienen alguna forma de culparte o engañarte haciéndose la víctima hasta que cedas a su retórica y hagas lo que ellos quieren? Si este es el caso, estás lidiando con un manipulador tóxico y puedes liberar tu vida y tu alma si los dejas lo más rápido posible. Una vez que los elimines de tu vida, puedes sentir que te curas de toda la mala energía que estaba contigo con esa persona. No pienses que es una gran pérdida si los pierdes para bien: los manipuladores tienden a ser dramáticos y hacen grandes espectáculos abandonando a las personas y haciéndolas sentir bastante difíciles. Cuando los derribamos, es posible que intenten volver. -entrar o aprovecharse de otras personas o cosas en nuestra vida, para no forzarlas a salir. Esto puede ser increíblemente perturbador, así que siempre tenga una forma de protegerse a sí mismo y a otras personas de personas como esta que son potencialmente peligrosas u

Conclusión

obsesivas. El objetivo de aislar a personas peligrosas o muy tóxicas no es ponerte en peligro o incluso defender lo que es correcto.

Deberías querer alejarte de las personas que te entristecen y enojan, de las personas que hacen que tu vida sea menos agradable de vivir cada día y de la gente que has perdido tu precioso tiempo por tener que cuidarlos y atenderlos.

Dejas a las personas tóxicas por el bien de nadie más que por ti mismo, pase lo que pase.

Esa es la naturaleza de las personas tóxicas y sacarlas de tu vida. Cuando los sacas inicialmente, te sientes como si algo se hubiera ido, estuviera mal o faltara. Sin embargo, a medida que pasa el tiempo y el agujero comienza a cerrarse, a menudo nos damos cuenta de que el agujero nunca debería haber existido en primer lugar. Algo nuevo, mejor y saludable podría incluso haber comenzado a brotar en su lugar. Si este es el caso, asegúrate de fomentar todo lo que está creciendo de nuevo. Puede ser algo saludable que enriquezca tu experiencia y te ayude a ser más feliz, sobre todo. Puede ser algo tóxico que está creciendo en el lugar de su padre tóxico, en cuyo caso puede cortar el comportamiento tóxico de raíz antes de que se vuelva demasiado malo.

Cuando pensamos demasiado, se siente como si controlara nuestras vidas. Cada movimiento que hacemos y cada pensamiento que tenemos se siente como si ya hubiera sido gobernado por esta fuerza en nuestra cabeza, que nos dice que pase lo que pase, fallaremos. Pase lo que pase, nos sentiremos inútiles, nunca tendremos éxito pase lo que pase, y así sucesivamente. Este impacto puede ser perjudicial, no sólo

Conclusión

para nuestra carrera profesional, sino también para nuestra vida íntima y personal. La forma de ser constantemente nos dice que no cumplimos con algún tipo de estándar invisible y nunca lo haremos como un niño que se mete contigo de una manera que es incomparable con muchas otras experiencias que puedes tener mientras creces. Sin embargo, mientras creces, reflexiona sobre quién te llevó allí. Siempre estás creciendo, no importa la edad que tengas, así que siempre evalúate y reflexiona sobre cómo te fue hoy y cómo te fue mañana.

Cuando te autoevalúas constantemente de una manera constructiva, puedes hacer mucho y convertirte rápidamente en la mejor versión de ti mismo. Ser consciente de ti mismo, de tus emociones y de tu mente es la mejor manera de mantenerte encaminado y asegurarte de convertirte en la mejor persona que puedes ser.

www.ingramcontent.com/pod-product-compliance
Lightning Source LLC
Chambersburg PA
CBHW072020070526
44583CB00015B/1565